1 Vol 45" 0

COLLECTION BACHELIN-DEFLORENNE

CHARLES MONSELET

PANIER FLEURI

PROSE ET VERS

PARIS
LIBRAIRIE BACHELIN-DEFLORENNE
3, Quai Malaquais

Succursale, boulevard des Capucines, 10
et place de l'Opéra, 6

1873

PANIER FLEURI

PARIS. — IMPRIMERIE DE E. MARTINET, RUE MIGNON, 2

CHARLES MONSELET

PANIER FLEURI

PROSE ET VERS

PARIS
LIBRAIRIE BACHELIN-DEFLORENNE
3, Quai Malaquais,
Succursale, boulevard des Capucines, 10.
et place de l'Opéra, 6
1873
Tous droits réservés.

« .... Monselet a une qualité précieuse : il est bien dans la veine française, mot dont on abuse et qui est vrai pour lui. Il a du bon esprit d'autrefois ; piquant et naturel avec grâce, il a la gaieté de bon aloi; sa façon d'écrire est nette, vive et claire. Il n'a jamais été dupe dans sa vie ni de la couleur, ni de l'emphase en littérature ou en politique.... Comme son Bourgoin « qui a renoncé à faire un chef-d'œuvre », il jette au vent d'heureux dons, de l'imagination, de la fantaisie, de l'esprit sans jargon, de la malice souvent fort

*leste, mais sans fiel; il y joint du sens, un fond de raison, un avis à lui et bien ferme....
On voudrait repêcher et rassembler toutes ces perles jetées au courant de chaque jour et qui s'en vont je ne sais où.* »

Sainte-Beuve.

(*Nouveaux Lundis*, tome X, page 70 et suivantes.)

PANIER FLEURI

PANIER FLEURI

CE QU'ON ÉCRIT AUX ACTRICES

A mademoiselle Florine Diard, première chanteuse, à l'Académie (...)ale de musique.

Mademoiselle,

Permettez-moi de m'annoncer moi-même, comme quelqu'un qui ne trouverait personne dans l'antichambre. Le hasard m'a donné un grand nom, dont je fais le moins d'étalage possible, et une fortune qui me permet quelquefois d'écouter les inspirations de mon cœur. Cela établi, j'ose espérer que vous voudrez bien m'épargner les banalités d'une déclaration en règle. Mon assiduité dans ma loge les soirs où vous chantez a été remarquée de tout le monde, excepté de vous, peut-être.

J'aspire à vous présenter mes hommages de plus près; dans cette intention, j'ai cru de notre dignité commune de supprimer les intermédiaires. Je suis habitué à agir directement.

Veuillez, mademoiselle, mettre sur le compte de ma nationalité étrangère l'extrême liberté que je prends, et laissez-moi solliciter une réponse de laquelle dépend la joie ou la tristesse du plus respectueux de vos serviteurs.

Prince Kouchavek.

*A mademoiselle Herdlizka, sujet de la danse,
à l'Opéra.*

Ma chère Jeannette,

C'est encore ton vieux père qui t'écrit en s'adressant à ton cœur si généreux, pour te demander un nouveau secours.

Je sais bien, ma chère fille, que tu peux me répondre que tu m'as déjà avancé le mois prochain, et que tu m'as même fait cadeau d'une redingote neuve qui est gravée dans mon cœur. C'est vrai ; tu es bonne, tu as hérité de ma sensibilité, et tu n'hésites pas à soulager l'infortune, même celle de ta famille. C'est pourquoi je ne doute pas que tu ne tournes un œil magnanime vers la détresse de celui à qui tu dois le jour et ta beauté vraiment surnaturelle, sans compter les talents qui en sont la suite.

Malgré ta défense, j'ai commis l'oubli de me présenter l'autre soir à la concierge de l'Opéra pour te faire demander. Il ne faut pas m'en vouloir, ma bien chère Jeannette ; je m'étais laissé entraîner à prendre quelques cordiaux avec un camarade d'Afrique, Tourillon, dont tu ne te souviens peut-être pas, car tu étais bien petite quand il venait dans notre loge de la rue Tiquetonne.

Mais sois tranquille, ô mon enfant! toi, l'espoir adoré de mes derniers ans! J'ai été prudent devant ta concierge, et je n'ai pas trahi le secret de ta modeste origine ; j'ai même imité devant cette femme l'homme qui parle en polonais, quoique cette langue me soit absolument étrangère. Tourillon, qui a de l'éducation et un certain vernis, a essayé de lui offrir quelque chose, mais elle n'a pas accepté. C'est égal, je crois que nous lui avons laissé une bonne impression.

C'est à l'insu de ta mère que je t'écris, ma généreuse Jeannette; je te serai même obligé de ne pas lui en parler, car la pauvre femme a toujours eu l'esprit un peu étroit, comme tu as pu en juger avec ta sagacité précoce. Figure-toi qu'elle me laisse manquer de tout et même qu'elle n'a pas voulu me donner de quoi acheter un chapeau neuf en remplacement de mon gris, qui n'est plus en état de me faire honneur.

Tu m'avais fait espérer que tu me placerais en qualité de concierge chez M. de Salorges, le digne appréciateur de tes talents chorégraphiques. Mais j'ai réfléchi : cette profession a quelque chose de trop assujettissant; tu me feras plaisir en me choisissant autre chose.

En attendant, ma bien-aimée Jeannette, l'orgueil de ma vieillesse, je te prie de vouloir bien me confier dix francs, que je te rendrai avec le reste à la prochaine occasion.

Ton respectable père,

J. B. Touchard.

A mademoiselle Fédézeau, au Vaudeville.

Mademoiselle,

Il y a le Café Anglais, où l'on est fort bien; il y a la Maison-d'Or, où l'on dîne dans les principes; il y a Voisin, dont la cave est irréprochable.

Dans lequel de ces trois cabarets vous plaît-il que nous disséquions quelques écrevisses et que nous dissertions sur les qualités du Branne-Mouton?

On dit que vous avez un superbe coup de fourchette; je suis curieux de m'en assurer.

S'il vous était agréable d'amener deux témoins, j'en inviterais deux de mon côté : le baron de Saldéac et le capitaine Almé, que vous devez connaître, au moins de noms.

Est-ce convenu?

José de Moralès.

A madame Brunissende, à l'Opéra-Comique.

Cher ange,

Eh bien, oui! j'ai eu tort, je le reconnais, je le confesse! Je n'aurais pas dû me laisser entraîner à cet excès d'emportement et de ridicule, qui te place aujourd'hui dans une situation si fausse. Mais j'avais la tête perdue, je ne savais plus ce que je disais ni ce que je faisais. Oh! cet homme!... J'ignore comment il n'est pas sorti brisé d'entre mes mains!... J'ai pu, du moins, lui cracher toute ma haine au visage!... Pardonne-moi, mon ange chéri; je te demande pardon mille fois! Tu connais mon horrible caractère; on ne se refait pas du jour au lendemain. Pardonne-moi!...

Je me suis présenté chez toi trois fois ce matin; ta femme de chambre m'a refusé la porte. Mon air égaré a paru lui faire peur. Que vais-je devenir si tu ne consens plus à me voir?... Clara, ma Clara, songe aux extrémités auxquelles peut me pousser le désespoir!... La vie me serait insupportable; il ne me resterait plus qu'à me tirer un coup de pistolet devant toi lorsque tu te rendrais au théâtre... Vois-tu d'ici ma cervelle jaillissant sur ta robe!...

Je deviens fou... Voilà deux heures que je me promène devant ta maison. Oh! Clara! j'implore un mot, un signe, rien qu'un!...

Georges.

A mademoiselle Fabiani, au Gymnase.

Mademoiselle,

Notre maison a pour habitude de faire relever les comptes de nos clientes à chaque fin de saison. En conséquence, nous avons l'honneur de vous adresser un extrait du vôtre, s'élevant à la somme de 17 422 fr. 80 c.

Nous vous serons particulièrement obligés, mademoiselle, de nous en accuser réception, et de vouloir bien nous fixer le jour où l'on peut se présenter chez vous pour toucher cette somme.

Agréez, mademoiselle, etc.

Lydie Hocmer et C°.

A mademoiselle Anita, aux Variétés.

Madame,

Vous m'avez flanquée à la porte et trettée comme on ne trette pas la dernière des misérables. Et pourtant je me suis toujours comportée visavise de vous comme une bonne domestique, j'ose le dire. Ma seule faute a été de vous emprunter vos bas à jour, sans vous prévenir, pour aller au bal du Château-Rouge. Ils étaient si usés, si movais, qu'ils ont craqué aux cintième quadrille. Ne dirait-on pas que j'ai volé le Val-de-Grâce? Vous avé été sans pitié pour une pauvre fille, et çà ne se serait pas passé ainsi si j'avais eu le temps de courir à la caserne où est mon beau-frère des chasseurs. Entendez-vous, madame Anita?

Je devrais avoir de la ranqune, et toute autre que moi chercherait à se revenger. Mais moi, je n'ai pas plus de phielle qu'une mouche; la crémière, madame Loiseleur, me le disait encore ce matin. Et la preuve, c'est que je vous apprendré que je viens de retrouver au fond de ma malle trois lettres de M. Paul, votre amant de cœur, adressées à vous. Je ne sais pas comment cela se fait; je ne veux pas croire que c'est vous qui les avé mises là pour me nuire. C'est bien extraordinaire cependant.

Vous pouvé venir les chercher chez moi, madame; je loge avenue de Tourville, hôtel du Jura, chambre 18. Ne craigné pas que je vous parle de ce qui est pacé. Ce qui est pacé est pacé. Pour les lettres, vous-fiqueceré vous même la récompense que je mérite, mais j'espère que vous ne marchanderé pas, car vous savé que si je les portais à M. le comte ou à M. Ordonneau, ces mécieux me les payeraient ce que je voudrais.

En attendant l'honneur de votre visite, madame Anita, j'ai celui de vous saluer.

Joséphine Guénot.

A Mademoiselle Bermond, aux Bouffes-Parisiens.

Mademoiselle,

Il n'y a, à l'heure qu'il est, qu'une voix dans Paris pour reconnaître votre talent merveilleux dans l'art de souligner et de faire passer les choses les plus risquées.

Auteur de chansonnettes, dont la plupart ont obtenu un grand succès dans les principaux cafés-concerts, je me suis voué, moi aussi, aux sujets croustilleux. Des amis trop indulgents prétendent que je ne suis pas trop manchot dans cette partie.

Ma satisfaction sera complète, mademoiselle, si vous voulez bien accepter la dédicace des quatre chansons que j'ai l'honneur de vous adresser en même temps que cette lettre, et dont voici les titres :

La leçon de chalumeau;
Veux-tu, Suzon?
Mon cœur bondit.
Mesurons nos mollets.

J'ose espérer que vous trouverez ces titres assez piquants (on peut y joindre des gravures explicatives) et que vous daignerez m'accorder la faveur que je sollicite.

Dans cet espoir, mademoiselle, etc.

Léon Saurain.

A Mademoiselle Valentine de Sabran,
aux Folies-Dramatiques.

Mademoiselle,

Ce sera 50 francs pour votre entrée et 30 francs pour votre sortie. J'espère que vous trouverez ce prix raisonnable; c'est celui que je prends à mademoiselle Passevent, qui a toujours été contente de mes services. On a beaucoup plus de mal dans notre profession qu'on ne croit ; on se fait souvent attraper par l'orchestre, qui ne se gêne pas pour nous crier : *A bas la claque!*

Les bouquets se payent à part ; cela dépend de l'étage et de la place d'où ils sont lancés. J'ai un petit jeune homme pour ce genre de travail ; mais vous comprenez que j'ai besoin de vous voir avant de rassembler mon monde. Veuillez donc m'indiquer une heure, de si bon matin que vous voudrez ; ou bien envoyez-moi chercher dans la journée chez Béchut, le marchand de vins de la rue de Lancry, où j'ai mon bureau.

J'ai l'honneur, etc.

LABAUME AÎNÉ.

A Mademoiselle Valdenoir, à Cluny.

Mademoiselle,

Est-ce parce que je ne suis qu'un étudiant que vous avez laissé mes deux lettres sans réponse ? Mais vous ne savez donc pas que rien ne ressemble moins à un étudiant d'autrefois qu'un étudiant d'aujourd'hui! Il faut vraiment que vous arriviez de la rive droite pour être si peu au courant des choses.

Je ne demeure pas dans une mansarde, comme les étudiants de Gavarni; je ne me coiffe pas d'un béret et je ne porte pas de pantalons à larges carreaux. J'habite non à l'hôtel Corneille ou à l'hôtel Lhomond, mais dans un joli petit appartement du boulevard Saint-Michel. On peut venir chez moi sans se compromettre : c'est dans le même escalier qu'une couturière assez en renom. J'ai suivi en cela le conseil d'Alexandre Dumas fils qui dit quelque part : « De vingt-cinq à quarante ans, un homme intelligent doit toujours demeurer dans la maison d'une couturière ou d'un dentiste. »

J'aurai besoin, pour mon ameublement que je suis en train de renouveler, des conseils d'une personne de goût, comme vous devez en être une.

Je vous attendrai demain et après-demain toute la matinée, la main sur mon cœur... comme cela!

Plaisanterie à part, n'allez pas me faire poser.

Je suis, mademoiselle, avec, etc.

Lucien de Brillière.

A la demoiselle qui fait la 2ᵐᵉ fourmi dans la féerie, à la Gaîté.

Ma petite Nini,

Je t'ai reconnue tout de suite, malgré ta pelure d'insecte. Vrai de vrai ! tu es rigolo tout de même dans ce costume. C'est les amis de l'Élysée qui ouvriraient leurs châsses en te voyant comme ça. Pour ce qui est d'avoir bien fait, tu as bien fait ; il faut toujours qu'on songe à sa position. Les fourmis, ça doit être un bon emploi, puisque on dit que ça amasse...

Ça n'empêche pas que je t'ai trouvée maigrie ; tu ne pourrais plus chanter comme autrefois *les Oranges de mon étagère*. Paraît qu'on se disloque pas mal dans ton bazar. Tu dois avoir à m'en raconter. Moi aussi.

Je t'attends après le spectacle à la brasserie de la rue Saint-Martin. Tâche d'amener *le général des papillons ;* on ira d'une choucroute.

Ton Gustave.

A Mademoiselle Henriquez, aux Folies-Marigny.

Ma chère enfant,

Que vous êtes jolie, et encore jolie, et mille fois plus que jolie!!! Comme vous êtes séduisante dans ce bout de rôle dont vous vous acquittez si bien! Je n'ai vu que vous dans cette sotte pièce. Je comprends que vous fassiez tourner la tête à tous les hommes, puisque vous m'avez ensorcelée, moi qui ne suis qu'une femme.

Venez donc me voir, mon bel oiseau bleu ; vous trouverez en moi une véritable amie. Nous causerons chiffons, brimborions, diamants. Je vous montrerai tous mes bibelots.

C'est convenu, n'est-ce pas? J'y serai toujours pour vous entre deux et quatre heures. Vous n'aurez qu'à donner votre carte à ma femme de chambre.

Comtesse de Beauval.

*A Mademoiselle Clématite, aux
Menus-Plaisirs.*

Ah ça! voulez-vous ou ne voulez-vous pas?..
Voilà quinze jours que vous me promenez...
J'en ai assez, ma petite... On ne me la fait pas
à moi.

Je viendrai encore ce soir, mais ce sera pour
la dernière fois, je vous avertis. Oui ou non?

Mes civilités,

BOURGUALAIS.

MARIVAUX A LA BARRIÈRE

SONNET

Lorsqu'il fallut dîner dans cette auberge atroce
Le front de mon ami se rembrunit soudain.
On mit notre couvert dans le fond du jardin,
Près d'un jeu de tonneau disloqué. Quelle noce!

Le potage manqua complétement d'attrait :
Un lac d'une blondeur terne. — Rempli d'alarmes,
Mon ami s'écria : « Quel bouillon ! il faudrait,
Pour lui percer les yeux, un fameux maître d'armes! »

Je ne l'écoutais pas ; mon caprice suivait
La fillette au jupon rayé qui nous servait ;
Opulente beauté, — seize ans et du corsage !—

Et j'allais, répétant : « Vois donc quels yeux, mon cher ! »
Lui, tout à son idée, et d'un accent amer :
« Que n'a-t-elle jeté ses yeux dans le potage ! »

2.

LES AMIS DEVANT LA FEMME

« Mario est-il chez lui? » demande à la domestique un individu fort convenablement vêtu.

Au moment où la domestique va répondre, la porte d'un salon s'ouvre et une femme paraît.

« Vous demandez mon mari, monsieur?

— Oui, madame, répond l'individu en saluant.

— Il est sorti... Mais si vous avez quelque chose à lui faire dire, je m'empresserai de remplir votre commission.

— Mille fois trop bonne, madame; j'étais venu seulement pour le voir. »

Et l'étranger fait quelques pas en arrière.

« Alors, si monsieur veut me laisser son nom...

— Oh! ce n'est pas la peine, murmure-t-il en continuant à effectuer sa retraite.

— Vous préférez peut-être l'attendre? il ne peut pas tarder longtemps, en effet. Habituellement il est toujours ici à cette heure.......... Entrez donc, monsieur, et veuillez vous asseoir.

— Merci, madame, je sais où le trouver. »

L'étranger s'en va tranquillement sur cette parole.

La femme est demeurée immobile de fureur.

« *Il sait où le trouver...* l'impertinent! tandis que moi je ne le sais pas? Évidemment ce ne peut être qu'un de ses amis. »

A trois quarts d'heure de là, le même personnage revient au bras de Mario. Tous deux semblent en proie à une légère surexcitation.

« Ma chère, dit le mari, permettez-moi de vous présenter un de mes meilleurs amis, M. Jules Toulzé.

— Oh! monsieur a bien voulu se présenter lui-même... et je vois avec plaisir qu'il a su où vous trouver.

— Ah oui! au café... au café Chose, réplique le mari légèrement embarrassé; c'est bien un hasard s'il m'y a rencontré; j'y vais une fois par mois... Mais vous, ma chère, comment n'avez-vous pas songé à le retenir? »

Occupée à maîtriser sa colère, la femme n'a rien à répondre.

« Heureusement, continue le mari, que mes instances l'ont déterminé à accepter notre modeste dîner.

— Bien modeste, en effet, ajoute-t-elle; car il n'y a rien.

— Comment, rien!

— Mais non... Oubliez-vous que vous avez promis de me conduire ce soir au Théâtre-Français? J'ai fait faire par la bonne la moindre des choses.

— La moindre des choses... Ah! vous voyez bien. Donc, il y a quelque chose. D'ailleurs, notre partie de théâtre est manquée.

— Ah! dit la femme.

— Oui; Berthaud n'a pas pu nous procurer de billets.

— Eh bien, et ma toilette?

— Elle ne sera pas perdue, puisque mon ami Jules Toulzé nous reste.

— En attendant, articule la femme avec une aigreur qu'elle ne cherche pas à dissimuler, je m'en vais ôter ma robe.

— Comme vous voudrez, fait le mari; mais,

auparavant, envoyez Victorine au restaurant, afin qu'on nous apporte à dîner.

— Cela sera peut-être long, murmure-t-elle.

— Dans ce cas, dit Jules Toulzé, prenant la parole pour la première fois, nous avons le temps d'aller faire une partie de billard à la brasserie d'en face.

— Ah! oui, s'empresse de dire Mario.

— Non! non! s'écrie la femme avec effroi; mettez-vous à table, on sert tout de suite... Monsieur, je vous en prie... Victorine ira chercher tout ce que vous voudrez pendant que vous mangerez le potage. »

Une fois qu'on est assis :

« Comment se fait-il, madame, que vous aimiez le théâtre, vous, une personne intelligente? » demande Jules Toulzé.

La femme est tellement abasourdie par cette question qu'elle manque de laisser tomber sa cuiller.

« Ah! ah! dit Mario en éclatant de rire, vous ne le connaissez pas encore, ma chère! Ce sont des idées à la Toulzé... Veux-tu revenir au potage, Jules?

— Non, merci.

— Je me hâte de vous avertir, monsieur, dit la femme, que nous n'avons qu'une blanquette et le rôti.

— Alors je reviens au potage... pour vous faire plaisir, répond Jules.

— Dame! tu es ici en famille, reprend le mari; nourriture saine, mais peu compliquée... Victorine ne cuisine cependant pas trop mal quand elle veut... Que penses-tu de cette petite blanquette? »

Jules Toulzé se décide à être aimable.

« A la guerre comme à la guerre! dit-il d'un ton enjoué.

— Monsieur est sans doute accoutumé aux raffinements des restaurants?

— Je l'avoue, madame; on a, en général, des préjugés sur les restaurants... Je parle des principaux. On y mange parfois presque aussi bien que dans les intérieurs bourgeois. »

Le mari a parlé bas à la domestique, qui revient quelques moments après, une bouteille poudreuse à la main.

Il verse à boire à son hôte en l'épiant du coin de l'œil.

« Qu'est-ce que cela? dit froidement celui-ci après avoir porté son verre à son nez et à ses lèvres.

— Tu ne l'as pas reconnu, toi, gourmet? Volney, 1858.

— Qui est-ce qui te vend cela?

— Un de mes parents, propriétaire en Bourgogne, un cousin de ma femme.

— Il vous vole », dit imperturbablement Jules Toulzé.

La femme devient verte.

Pour détourner ce *froid,* le mari désigne à Toulzé le plat de rôti que la domestique est sur le point d'enlever.

« En accepteras-tu encore? lui demande-t-il indifféremment.

— Je le crois bien! »

Pour le coup, la femme n'y tient plus, et, les dents serrées :

« Vous avez un heureux appétit, monsieur, dit-elle.

— Ordinairement, madame. Vous tombez mal. Je ne suis pas dans un de mes jours.

— C'est vrai, je l'ai vu plus brillant, ajoute le mari. A ta santé!

— A celle de madame! »

LA FEMME DEVANT LES AMIS

« Impossible, mon cher! ma femme m'attend. »

C'est un mari qui répond de la sorte aux obsessions d'un ami qui essaye de le retenir au Cercle.

« Il n'est cependant pas tard, objecte celui-ci.

— Minuit moins dix minutes. C'est décent, et ce n'est pas ridicule.

— Tu es donc cousu aux jupes de ta femme?

— Non; mais je tiens à ne point la mettre en inquiétude. C'est une attention si mince que je ne songe pas même à m'en faire un mérite.

— Elle t'adresse sans doute des reproches

chaque fois que tu es en retard? continue l'ami en ricanant.

— Tu te trompes.

— Alors, c'est un autre système : l'air résigné, les lèvres pincées, les monosyllabes significatifs. Je connais tous les répertoires.

— Tu ne connais rien du tout, et tu n'as pas le sens commun! réplique le mari avec un haussement d'épaules.

— On n'a jamais le sens commun lorsqu'on tombe juste.

— Ma femme n'a pas plus les ridicules que tu lui prêtes que je n'ai les pusillanimités que tu me supposes.

— Prouve-le en restant.

— A quoi bon? Le jeu me fatigue. Il fait trop chaud ici. J'ai envie de dormir. Voilà des motifs, je crois. Adieu!

— Ulric me le disait bien l'autre jour.

— Qu'est-ce que te disait Ulric? demande le mari, prêt à sortir.

— Il me disait, parbleu! ce que tout le monde répète au Cercle et ailleurs.

— Quoi?

— Que tu étais perdu pour tes amis, et que ton mariage avait été un grand malheur...

— Comment?

— Pour eux.

— Ah!... Et pourquoi mes amis ne viennent-ils plus chez moi comme par le passé ? Qu'est-ce qui les empêche ?

— Ce n'est plus la même chose.

— Je ne vois pas cela. Nous sommes deux, au lieu d'un, pour les accueillir. Ma femme est un bon garçon.

— Je la connais, celle-là ! »

Le mari fait claquer ses doigts d'impatience.

« C'est singulier ! s'écrie-t-il, tu as toujours eu de l'antipathie pour Alexandrine, avec qui tu ne t'es rencontré que deux ou trois fois à peine.

— Je te jure...

— Certainement, Alexandrine n'est pas parfaite, ce qui serait fort malheureux pour elle et pour moi. Mais elle a des qualités, du charme. Franchement, comment la trouves-tu ?

— Oui.

— Quoi oui ?

— Tu vas brûler le bout de tes bottes... Je veux dire charmante.

— De quel air tu prononces cela !

— Comment veux-tu que je le prononce ? Trop d'enthousiasme t'inquiéterait. Ta femme, puisque tu tiens à connaître mon opinion, ta femme a des traits réguliers, un beau port. Moi, ce n'est pas mon fort, la majesté. Chacun ses goûts; je ne blâme pas le tien... Qu'est-ce qu'elle a donc sur la joue gauche? N'est-ce pas une envie?

— Oui, une framboise.

— C'est dommage.

— Bah! cela se voit à peine.

— C'est égal; un rien suffit quelquefois pour déparer un joli visage. »

Le mari devient soucieux.

« As-tu aussi quelque chose à reprendre sur ses manières, sur sa toilette, sur son langage?

— Irréprochables... au point de vue du pensionnat. Je suis convaincu qu'elle est de première force sur le piano.

— C'est vrai... mais tu m'ennuies! Si tu pouvais, comme moi, apprécier son caractère!...

— Ah! le caractère! voilà ce qui te manque, à toi. Tu as toujours eu besoin d'être mené à la baguette.

— Laisse-moi donc tranquille! Moi, l'être le plus libre, le plus indépendant, qui ne peux supporter l'ombre d'une entrave, qui ai horreur de tout ce qui ressemble à une chaîne!

— Pourtant...

— A la baguette!... tu as de la perspicacité, ma foi!

— Que veux-tu? réplique bonassement l'ami,

j'en ai tant vu comme toi qui s'étaient encroûtés!...

— Encroûtés! répète le mari avec indignation; rentrons dans la salle de jeu : je te fais vingt-cinq louis! »

QUAND

ON FUT TOUJOURS VERTUEUX

C'est un rêve que j'ai poursuivi vainement
D'apercevoir un jour ces fameux doigts de rose
De l'Aurore, appelant la rime : « Fraîche éclose »,
Alors qu'elle ouvre les volets du firmament.

Toujours quelque souper à mon désir s'oppose ;
Si ce n'est un souper, c'est tantôt autre chose ;
Et, depuis vingt-cinq ans, caprice combattu,
(Le proverbe dit vrai qui dit : « ..et Dieu dispose! »
L'Aurore à mes rideaux a vainement battu
Pour voir à son lever assister ma vertu.

UN LIVRE LESTE

MADAME DE MOLANGE.
FONTEVRAULT.

I

Chez madame de Molange.

MADAME DE MOLANGE.

Tenez, laissez-moi tranquille ; vos obsessions galantes me sont insupportables.

FONTEVRAULT.

Obsessions est dur...

MADAME DE MOLANGE.

Mais juste.

FONTEVRAULT.

Convenez cependant qu'en vous suppliant de « couronner ma flamme », il m'est impossible d'employer une périphrase d'un ordre plus poétique et plus convenable.

MADAME DE MOLANGE.

Ce n'est point la périphrase que j'attaque, vous le savez bien... Ah! qu'on est malheureuse de n'avoir pas un mari pour se défendre !

FONTEVRAULT.

Et, au besoin, pour le combattre, comme dit M. Prudhomme.

MADAME DE MOLANGE.

Être veuve! il n'y a rien de plus bête au monde. On a toujours l'air d'être prête à jouer un proverbe.

FONTEVRAULT.

Peut-on ainsi calomnier le veuvage! Un état charmant, dont la pudeur m'empêche d'énumérer tous les avantages.

MADAME DE MOLANGE.

Fontevrault, vous êtes sur une pente dangereuse.

FONTEVRAULT.

Croyez-vous donc que je ne me sente pas glisser?

MADAME DE MOLANGE.

Cessez de vouloir être autre chose que mon ami.

FONTEVRAULT.

Impossible.

MADAME DE MOLANGE.

Je ne vous ferai pas le plaisir de vous dire que vous me paraissez dangereux, mais vous m'inquiétez.

FONTEVRAULT.

Tout de bon?

MADAME DE MOLANGE.

Vous avez des théories particulières sur l'amour qui m'embarrassent, des sophismes qui me troublent. Avec votre prétendue science de la vie, vous me faites l'effet du vicomte de Valmont.

FONTEVRAULT.

Qui ça, Valmont?

MADAME DE MOLANGE.

Vous savez bien...

FONTEVRAULT.

Ah! le Valmont des *Liaisons dangereuses*... Peste! madame, vous connaissez vos classiques.

MADAME DE MOLANGE, rougissant.

J'en ai parcouru quelques pages à peine... autrefois... C'est, d'ailleurs, je vous prie de le croire, le seul livre de ce genre qui se soit trouvé, je ne sais comment, sous mes yeux.

FONTEVRAULT.

Le seul? Bien sûr?

MADAME DE MOLANGE.

Je ne compte pas ces romans de cabinet de lecture qu'il m'est arrivé parfois de surprendre entre les mains de ma femme de chambre.

FONTEVRAULT.

Ah oui! Paul de Kock, par exemple... ou bien Pigault-Lebrun...

MADAME DE MOLANGE.

Et puis encore quelques ouvrages modernes trouvés dans la bibliothèque de mon mari... *Mademoiselle de Maupin*, je crois.

FONTEVRAULT.

Peuh!... Il y a mieux que cela.

MADAME DE MOLANGE.

Ah!

FONTEVRAULT.

Ah! bien mieux.

MADAME DE MOLANGE.

C'est donc vrai ce que j'ai entendu dire?

FONTEVRAULT.

Quoi?

MADAME DE MOLANGE.

Que vous avez toute une chambre remplie de ces livres-là.

FONTEVRAULT.

Ah! l'on vous a parlé de mon *enfer*... J'avoue que j'ai réuni une petite, toute petite collection... deux cents volumes environ.... Vous voyez que nous sommes loin de la grande chambre.

MADAME DE MOLANGE, avec une moue dédaigneuse.

Deux cents volumes... de cela!

FONTEVRAULT.

Mais cela est la plus jolie chose du monde... Des productions tout à la gloire de votre sexe... Une apothéose continuelle...

MADAME DE MOLANGE.

Sans délicatesse, je le parie... sans discrétion...

FONTEVRAULT.

Je conviens que quelquefois l'apothéose manque de voiles... c'est le propre des apothéoses... Mais la grâce et l'art en sont moins absents que vous pourriez le croire.

MADAME DE MOLANGE.

Vraiment!

FONTEVRAULT.

Avouez que vous avez l'envie de connaître ma collection?

MADAME DE MOLANGE.

Quand bien même cela serait, je ne l'avouerais pas.

FONTEVRAULT.

C'est juste... il y a de ces choses qu'il faut laisser deviner... Ainsi donc, c'est entendu?

MADAME DE MOLANGE.

Qu'est-ce qu'il y a d'entendu?

FONTEVRAULT.

A ma première visite, je vous apporte un de mes petits bouquins.

MADAME DE MOLANGE.

Je ne vous écoute pas.

FONTEVRAULT.

Mais auparavant j'aurais besoin de savoir votre goût.

MADAME DE MOLANGE.

Mon goût?

FONTEVRAULT.

Oui... vous devez me comprendre...

MADAME DE MOLANGE.

Pas du tout.

FONTEVRAULT.

Vous n'y mettez pas de bonne volonté... Quels termes pourrais-je bien employer? A quelle image pourrais-je bien avoir recours? Voyons, voulez-vous..... du fort ou du doux?

MADAME DE MOLANGE.

Je vous assure que je ne sais pas ce que vous voulez dire.

FONTEVRAULT.

C'est que nous avons, comme dans l'alcool, plusieurs degrés dans cette littérature-là.

MADAME DE MOLANGE.

Cela est fort bien vu.

FONTEVRAULT.

Pour les commençants... comme qui dirait pour les estomacs faibles... nous avons le galant, le voluptueux, l'anacréontique...

MADAME DE MOLANGE.

Allez toujours.

FONTEVRAULT.

Le libre... le fripon... le gaillard... l'égrillard... le grivois...

MADAME DE MOLANGE.

Tout cela me paraît bien coupé d'eau.

FONTEVRAULT.

Patience!... Voici le risqué, qui inaugure un autre ordre d'idées... le leste...

MADAME DE MOLANGE.

Ensuite?

FONTEVRAULT.

Le scabreux.

MADAME DE MOLANGE.

Ensuite?

FONTEVRAULT.

Le croustillant.

MADAME DE MOLANGE.

Ensuite ?

FONTEVRAULT.

Le fringant.

MADAME DE MOLANGE.

Ensuite ?

FONTEVRAULT.

Le licencieux.

MADAME DE MOLANGE.

Ensuite ?

FONTEVRAULT.

Le graveleux.

MADAME DE MOLANGE.

Ensuite ?

FONTEVRAULT.

Diable ! Ensuite... ensuite... il n'y a plus de

limites... ni de définitions possibles... Nous entrons immédiatement dans l'outrance.

MADAME DE MOLANGE.

Restons-en donc là.

FONTEVRAULT.

Quel genre choisissez-vous ?

MADAME DE MOLANGE.

En admettant que j'eusse à choisir, je choisirais un genre moyen... le leste.....

FONTEVRAULT.

Vous êtes timorée.

MADAME DE MOLANGE.

Quelque chose qui pût se lire à travers les branches d'un éventail.

FONTEVRAULT.

Ou entre les cinq doigts...

MADAME DE MOLANGE.

Je ne voudrais pas être trop effarouchée.

FONTEVRAULT.

Soyez sans inquiétude, j'ai votre affaire... du numéro cinq. (Il se lève.) A bientôt, madame.

MADAME DE MOLANGE.

Vous partez, Fontevrault?

FONTEVRAULT.

Je cours passer en revue ma bibliothèque.

MADAME DE MOLANGE.

Savez-vous que j'ai presque regret à notre conversation?

FONTEVRAULT.

Je n'en crois pas un mot.

MADAME DE MOLANGE.

Vous avez le don de me faire dire des folies.

FONTEVRAULT.

Que n'ai-je celui de vous en faire faire!... Au revoir, madame (Fausse sortie.)

MADAME DE MOLANGE.

Au revoir.

FONTEVRAULT, rouvrant la porte du salon.

A propos...

MADAME DE MOLANGE.

Quoi ?

FONTEVRAULT.

Le livre...

MADAME DE MOLANGE.

Eh bien ?

FONTEVRAULT.

Le voulez-vous... illustré?

MADAME DE MOLANGE.

Qu'entendez-vous par ce mot?

FONTEVRAULT.

C'est-à-dire... orné de gravures?

MADAME DE MOLANGE.

Il ne manquerait plus que cela! (Fontevrault part en riant).

II

Même décor.

UN DOMESTIQUE, annonçant.

Monsieur Fontevrault !

FONTEVRAULT.

Pas de banalités, n'est-ce pas ? vous êtes plus fraîche que la fraîcheur elle-même. Voilà pour mon entrée. Maintenant, permettez-moi de m'asseoir, ni trop loin...

MADAME DE MOLANGE.

Ni trop près.

FONTEVRAULT.

C'est ce que j'allais dire.

MADAME DE MOLANGE.

Il me semble qu'il y a une éternité qu'on ne vous a vu.

FONTEVRAULT.

Trop aimable. Quinze jours, ni plus ni moins.

MADAME DE MOLANGE.

Un voyage?

FONTEVRAULT.

Non.

MADAME DE MOLANGE.

Une maladie?

FONTEVRAULT.

Jamais!

MADAME DE MOLANGE.

Et pourquoi êtes-vous demeuré si longtemps invisible?

FONTEVRAULT.

Je l'ai fait exprès.

MADAME DE MOLANGE.

Pour vous faire désirer peut-être?

FONTEVRAULT.

Précisément.

MADAME DE MOLANGE.

J'ai lu des impertinences plus spirituellement tournées.

FONTEVRAULT.

Moi aussi.

MADAME DE MOLANGE.

Monsieur Fontevrault, je ne suppose pas que vous ayez pris la peine de vous déplacer dans le but unique de venir m'agacer les nerfs.

FONTEVRAULT.

Loin de moi ce projet, madame ! En me présentant chez vous, je n'ai fait que me rendre à vos désirs.

MADAME DE MOLANGE.

Comprends pas.

FONTEVRAULT.

Est-ce que vous ne vous souvenez plus de

m'avoir demandé quelque chose, lors de ma dernière visite?

MADAME DE MOLANGE.

Non.

FONTEVRAULT.

Cherchez bien.

MADAME DE MOLANGE.

Une linotte me rendrait des points pour la mémoire.

FONTEVRAULT.

Vous m'avez demandé un livre.

MADAME DE MOLANGE.

Ah! Quel livre?

FONTEVRAULT.

Un livre leste.

MADAME DE MOLANGE, rougissant.

Est-ce croyable?

FONTEVRAULT.

Très-croyable.

MADAME DE MOLANGE.

Eh quoi! vous avez pris au sérieux?...

FONTEVRAULT.

Je prends tout au sérieux.

MADAME DE MOLANGE.

Je ne songeais plus à cette ridicule fantaisie, et j'étais à mille lieues de supposer...

FONTEVRAULT.

Que je tiendrais ma promesse? C'est mal, cela. J'aime trop les situations risquées pour avoir perdu de vue celle-ci un seul instant.

MADAME DE MOLANGE.

Alors?...

FONTEVRAULT.

Alors... le voilà. (Il tire un petit volume de son habit.)

MADAME DE MOLANGE.

Qu'est-ce que c'est?

FONTEVRAULT.

Le livre.

MADAME DE MOLANGE.

Fontevrault, vous êtes décidément un homme impossible.

FONTEVRAULT.

Regardez comme il est joli... mignon et mince à cacher sous un oreiller... relié en maroquin couleur citron, tranche dorée, dos à petits fers, filets sur les plats, doublé en tabis... sinet de trois couleurs... C'est l'élégance et la séduction mêmes.

MADAME DE MOLANGE.

Oui, il a bonne mine.

FONTEVRAULT.

Eh bien, l'extérieur n'est rien en comparaison de l'intérieur... Ah! l'intérieur!

MADAME DE MOLANGE.

Vous voulez me tenter.

FONTEVRAULT.

Moi! je ne veux rien du tout.

MADAME DE MOLANGE.

Donnez-le donc, votre livre, puisqu'il faut absolument se prêter à votre fantaisie.

FONTEVRAULT.

Je ne vous force en rien.

MADAME DE MOLANGE.

Voyons ce livre, vilain homme.

FONTEVRAULT.

Il est encore temps de vous dédire.

MADAME DE MOLANGE.

Ce livre! (Elle avance la main.)

FONTEVRAULT.

Minute!

MADAME DE MOLANGE.

Que de cérémonies! Ne l'avez-vous apporté que pour me le montrer de loin?

FONTEVRAULT.

C'est que...

MADAME DE MOLANGE.

Je vous le rendrai demain... ou plus tôt, si vous voulez... ce soir...

FONTEVRAULT.

Oh! je ne suis pas pressé.

MADAME DE MOLANGE.

Alors, donnez.

FONTEVRAULT.

Un instant... Vous êtes donc dans l'intention de le lire..... toute seule?

MADAME DE MOLANGE.

La belle demande! et pourquoi me la faites-vous?

FONTEVRAULT.

C'est que... j'avais espéré...

MADAME DE MOLANGE.

Vous aviez espéré?...

FONTEVRAULT.

Que nous le lirions ensemble.

MADAME DE MOLANGE, après un moment de silence.

Ah!

FONTEVRAULT, de même.

Oui.

MADAME DE MOLANGE.

Vous ne l'avez donc pas lu?

FONTEVRAULT.

Si... mais j'aime à relire...

MADAME DE MOLANGE.

A deux?

FONTEVRAULT.

A deux... sur le même banc de mousse ou sur le même canapé... comme celui-ci. Est-ce que cette perspective vous fait peur?

MADAME DE MOLANGE.

Je n'ai pas plus peur de vous que de votre livre, mais il faut faire la part d'une honte bien naturelle... de la pudeur...

FONTEVRAULT.

Je serai tout porté pour venir à son secours.

MADAME DE MOLANGE.

Non, décidément, cela n'est pas acceptable.

FONTEVRAULT.

Comme vous voudrez... Dans ce cas, je remporte mon livre.

MADAME DE MOLANGE.

Vous ne le voudriez pas; vous auriez une trop drôle de figure.

FONTEVRAULT.

J'en conviens... Faisons donc des concessions mutuelles... Et d'abord, attendez... (Il se dirige vers la fenêtre.)

MADAME DE MOLANGE.

Quoi encore?

FONTEVRAULT.

Que j'aille fermer davantage les rideaux... Un demi-jour est d'ordonnance. (Il fredonne entre ses dents) :

> Tirez les rideaux,
> Georgeau !
> Fermez les volets,
> Georget !

MADAME DE MOLANGE.

Est-ce tout?

FONTEVRAULT.

Laissez-moi m'assurer aussi d'un *doigt de verrou,* comme disaient nos folâtres grands-pères.

MADAME DE MOLANGE.

Que vous êtes impatientant!... Avez-vous fini?

FONTEVRAULT.

Me voilà. (Il vient s'asseoir à côté d'elle.)

MADAME DE MOLANGE.

Ce n'est pas malheureux.

FONTEVRAULT.

Attention!

MADAME DE MOLANGE, qui guettait le livre, s'en empare tout à coup.

Je le tiens!

FONTEVRAULT.

Ah! traîtresse! ce n'est pas de jeu! C'est un abus de confiance.

MADAME DE MOLANGE.

Laissez-moi!

FONTEVRAULT.

Rendez le livre !

MADAME DE MOLANGE.

Non ! (Elle va pour rentrer chez elle ; Fontevrault lui barre le chemin.)

FONTEVRAULT.

On ne passe pas!

MADAME DE MOLANGE.

Vous êtes fou.

FONTEVRAULT.

Le livre... ou la vie !

MADAME DE MOLANGE.

Finissons-en ! (Elle ouvre le livre à l'écart... et paraît s'étonner, mais sans aucune émotion ; elle le feuillette et en parcourt même quelques pages ; puis elle regarde Fontevrault qui sourit.)

FONTEVRAULT, à part.

Elle ne s'alarme pas...

MADAME DE MOLANGE, après avoir encore examiné le livre, et le jetant sur le tapis.

C'est une sotte mystification!!!

FONTEVRAULT, interdit.

Comment?...

MADAME DE MOLANGE.

J'espère, monsieur, qu'après vous être ainsi joué de ma simplicité, vous n'aurez plus l'audace de remettre les pieds chez moi!

FONTEVRAULT.

Mais expliquez-moi...

MADAME DE MOLANGE.

Adieu, monsieur. (Le foudroyant du regard.) Je ne vous pardonnerai jamais! (Elle rentre dans ses appartements.)

FONTEVRAULT, seul.

Je demeure pétrifié... Qu'est-ce que cela signifie?... La sensation a été trop forte sans doute; j'aurais dû lui donner du numéro six... Cependant, je n'ai pas dépassé le leste. (Il ramasse le livre et l'examine machinalement; puis tout à coup il pousse un grand cri.) Ah! mon Dieu! j'ai pris un volume pour un autre... la reliure m'a trompé... C'est le *Petit Carême* de Massillon!

PURÉE-CRÉCY

SONNET

Aux jours de dîme et de taille,
Crécy fut une bataille,
Dont le pays maltraité
Garde la plaie au côté.

Combat d'estoc et de taille !
De cette cruelle entaille,
O contraste ! il n'est resté
Qu'un potage réputé.

Le temps a, pour nos détresses,
D'irrésistibles caresses
Dont chaque âge est adouci.

Légumes taillés en pièces
Disent seuls, en ce temps-ci,
Les grands combats de Crécy !

LES EMPÊCHEURS

DE DANSER EN ROND

Cela n'est peut-être pas du bon français, mais cela dit bien ce que cela veut dire. Cela rentre dans la classe de ces expressions qui, depuis quelques années, encombrent « l'antichambre du dictionnaire de l'Académie ». L'origine est ancienne, sans être douteuse. De tout temps, il a dû se trouver un homme, un monsieur, qui est intervenu désagréablement au milieu d'une compagnie jeune et aimable, disposée à s'amuser, et qui a dit à cette compagnie :

« Non.... cela n'est pas convenable... vous

vous ferez remarquer.... on se plaindrait au-dessous (ou au-dessus)... il est trop tôt (ou trop tard)... cessez!...

Et vous le voyez, ce monsieur, — cet empêcheur de danser en rond, — vous le voyez, les sourcils froncés, la voix brusque, introduisant sa main sèche dans les groupes, brisant la guirlande déjà formée, — le bélître!

Pourquoi agit-il ainsi? quel motif le pousse? à quel intérêt obéit-il? Peut-être serait-il embarrassé de le dire lui-même. Il est l'empêcheur de danser en rond, voilà tout. Il est l'ennemi. L'ennemi de tout ce qui se sent vivre, respirer, sourire! l'ennemi de tout ce qui tend à la joie, à la sincérité, à l'oubli de l'étiquette, à l'expansion! l'ennemi des enfants qui soufflent dans les trompettes, des amoureux qui s'embrassent derrière des charmilles, des buveurs qui chantent au dessert!

Tout l'offusque. Dans la rue, les toilettes des femmes lui semblent des scandales de toutes les couleurs. S'il l'osait, il reconduirait chez elles à grands coups de pied les promeneuses, comme faisait le père du grand Frédéric, — ce type couronné de l'empêcheur de danser en rond.

Au théâtre, il chute continuellement, et s'oppose aux rappels des artistes; ou bien, l'oreille aux aguets, il se penche vers les baignoires où l'on cause doucement sous l'éventail, pour s'écrier tout à coup.

« Paix, là !... Il n'y a pas moyen d'entendre..., c'est insoutenable !... »

La fable et l'histoire fourmillent de célèbres empêcheurs de danser en rond, de grogneurs fameux : — Polyphème, Denys le Tyran, Louis XI, le cardinal de Richelieu, Arnolphe, Jean-Jacques Rousseau.

J'étais né pour danser en rond toute ma vie, pour danser en rond sans relâche, le jour comme la nuit; pendant le jour, sur le gazon des grands parcs; pendant la nuit, sur le parquet des grands salons; avec tout le monde d'ailleurs, car je ne suis pas fier; avec celle-ci et celle-là, — mais de préférence avec la plus jolie; — avec Éliante aujourd'hui, avec Manon demain; aux accords harmonieux de l'orchestre de Strauss ou au son criard du violon d'un ménétrier. Danser en rond me paraissait être le but de l'existence; et encore à présent je ne suis pas complétement désillusionné. J'étais leste, j'étais infatigable, j'avais de l'oreille pour la mesure, — et je connaissais toutes les rondes, depuis la ronde de *Giroflée, Girofla,* jusqu'à la ronde du sabbat inclusivement.

Hélas! combien peu il m'a été donné d'obéir à ma vocation! En ai-je assez rencontré sur ma route des empêcheurs de danser en rond! Des grands et des petits, des jeunes et des vieux, des beaux et des laids, des riches et des pauvres! A commencer par le maître d'école, qui me ramenait autrefois en classe par l'oreille, — pour finir au critique qui continue aujourd'hui le rôle du maître d'école en m'arrachant aux rêves complaisants de mon amour-propre et en me ramenant à la *réalité!*

A mesure que j'ai avancé en âge, je les ai vus se multiplier devant moi et autour de moi. Empêcheurs de danser en rond : les créanciers, les parents, les enfants!

A peine si, en vingt ans, il m'a été possible de danser cinq ou six fois, précipitamment, comme par surprise, l'esprit plein d'inquiétude. Aujourd'hui j'y ai presque renoncé. Le feu n'en vaut plus la bougie. Le dernier empêcheur de danser en rond, que je n'attends pas, mais qui me guette,—ce sera une empêcheuse. Elle a des ailes de chauve-souris et tient une faux en main.

LA MARIÉE

I

Pour la noce habillee,
Front ému, cœur tremblant,
J'ai vu la mariée
Agenouillée, en blanc.

Tout le temps de la messe,
Dans l'ombre d'un pilier,
Un homme avec tristesse
La regarda prier.

Au sortir de l'enceinte,
Pâle et silencieux,
Il lui donne l'eau sainte;
Elle baissa les yeux.

Avec la noce heureuse
Il la vit s'éloigner.
Elle était si joyeuse
Qu'il n'osa pas pleurer.

II

Le soir, sous sa croisée
Il alla s'arrêter;
Et, d'une voix brisée,
Il se mit à chanter :

« — O toi qui pris mon âme,
» Enfant, dans un regard,
» Je te retrouve femme;
» Je suis venu trop tard.

» Ce que dans ma jeunesse
» Je m'étais tant promis
» De bonheur et d'ivresse,
» Dieu ne l'a pas permis.

» Un jour, à moi peut-être
» Tu penseras un peu.
» N'ouvre pas ta fenêtre,
» Et sois heureuse. Adieu. »

LES CABINETS PARTICULIERS

I

Une bouquetière se tient sur le seuil d'une porte attenant au restaurant : — c'est le bouchon de fleurs des cabinets particuliers.

Un domestique en livrée attend au bas de l'escalier ; c'est l'avertisseur.

La nuit s'annonce belle ; Paris est en fête ; il y a bal partout, et surtout à l'Opéra. Les boulevards, remplis de clameurs, sont plus resplendissants qu'en plein midi.

La bouquetière choisit parmi ses bouquets. Une voiture vient de s'arrêter devant elle ;

deux personnes en descendent : une femme encapuchonnée et un homme boutonné jusqu'au menton.

Ils montent ensemble l'escalier couvert d'un tapis moelleux, qui absorbe le bruit des pas et étouffe le craquement des bottines.

Prévenu par le timbre de l'avertisseur, une sorte d'intendant en habit noir se présente à leur rencontre, — et les guide, en les précédant, à travers un corridor percé de nombreuses cellules, comme un couvent ou comme un établissement de bains.

Ce sont les cabinets particuliers.

Le maître des cérémonies ouvre la porte de l'un d'eux, et se retire, faisant place à un garçon qui allume les becs de gaz d'un lustre. Cette opération accomplie, ce garçon se retire à son tour, après avoir enfermé les arrivants.

La dame est jolie, le monsieur semble assez novice.

Le garçon revient pour mettre le couvert, et commence invariablement par ces paroles :

— Monsieur et Madame prendront-ils des huîtres ?

— Certainement.

— Des marennes ? des ostendes ?

Le monsieur se tourne vers la dame, pour la consulter.

— O mon Dieu! cela m'est égal, répond celle-ci, occupée à arranger ses cheveux devant la glace.

— Alors, des ostendes, dit le monsieur.

— Deux douzaines? fait le garçon.

— Deux, oui.

— Et après cela, comme potage, une bisque d'écrevisses?

— Une bisque... ah! oui!

— Non, non, interrompt la dame, un consommé.

— Aux œufs pochés? demande le garçon.

— Aux œufs pochés, approuve le monsieur; qu'avez-vous ensuite?

— Tout ce que monsieur désirera, filet froid ou chaud, pâté de foie gras, terrines de Nérac, langouste...

— Foie gras, murmure la dame.

— Pour deux?

— Pour deux, dit le monsieur.

— Très-bien, réplique le garçon; nous disons deux ostendes, un consommé aux œufs, deux foies gras... et puis? Voulez-vous un joli perdreau truffé?

— Oui, dit le monsieur.

— Oh! dit la dame.

— Mais si! continue le monsieur; un perdreau truffé; mais pas trop avancé, garçon.

— Soyez tranquille, monsieur ; j'irai moi-même le recommander au chef... Nous avons aussi d'excellentes écrevisses à la Bordelaise, des écrevisses de la Meuse, arrivées ce matin.

— Ah oui! s'écrie la dame; des écrevisses à la Bordelaise.

— Avec un petit parfait, ajoute le garçon.

— Au café, dit la dame.

— Au café! c'est cela. Et puis, vous verrez après, termine le garçon. — A présent, quel vin?

— Ah! oui, le vin? répète le monsieur, en feuilletant la carte imprimée.

— Écoutez. Je vais vous envoyer le sommelier.

Et sur cette habile suspension, le garçon effectue une triomphante sortie.

Cette fois, il est un peu plus lent à reparaître; et la dame a eu le temps de dire au monsieur :

— Roger, ne me faites pas repentir d'être venue avec vous en cabinet particulier!

II

Les voitures, laissant pendre de longues manches blanches aux portières, se succèdent devant l'entrée intime du restaurant.

Le bal de l'Opéra vide son foyer et ses loges.

Pierrots, dominos, bergères, almanzors, cocodès, montent et se précipitent à l'assaut des cabinets restés vacants. Il y a des séries de six, de huit, de douze convives. Au delà de ce nombre, ils sont répartis dans les cabinets à pianos, — presque des salons. Une fois là, ce ne sont plus que des numéros.

— Un poulet chasseur pour le 4!
— Une croûte madère pour le 9!
— Deux léoville pour le 11!

Ces mots sont rapidement jetés, en passant, par les garçons à la dame de comptoir. Pauvre dame de comptoir! elle est installée dans un angle du corridor et enfermée dans une petite armoire vitrée, comme les marchandes de journaux. Elle a besoin de toute sa tête pour être à tous, sans compter ce qu'elle est forcée de voir et d'entendre.

Et les sonnettes d'aller! Et les appels avec la voix et avec les verres! Les soupeurs travestis sont les plus exigeants et les plus difficiles à satisfaire : car, tatoués et harnachés de verroteries, ils sont déterminés à s'amuser, de la même façon que des brigands armés jusqu'aux dents sont déterminés à tuer. Ils ne parlent pas, ils hurlent; ils s'accrochent au garçon et le tutoient; ils lui demandent à la fois tous les produits de la création : des esturgeons, des beignets, des gélinottes, du flan, un bifteck aux pommes de terre, une charlotte russe, un paon rôti, de la salade, et une poitrine de mouton aux salsifis. Les voix aiguës des femmes font aussi leur partie dans ce vacarme :

— Garçon! vous n'avez pas des épingles à cheveux à me prêter?

— Si, madame.

— Garçon! est-ce qu'on ne peut pas se laver les mains ici?

— Parfaitement, madame.

Et le garçon de conduire la Pierrette, gambadant et chantant, dans ce cabinet banal où se trouvent un lavabo en marbre et deux ou trois houppes à poudre de riz.

Ce que sont ces femmes et ces hommes? Que voulez-vous que je vous dise? Une société étrange, soit. Des célébrités du monde interlope, mais aussi des gens distingués, des artistes, des quarts de financier, des inconnus, tout cela pêle-mêle, comme à l'Opéra tout à l'heure.

Il y a même dans un cabinet, — le cabinet 7, — quelques personnes du vrai monde venues là incognito, des maris avec leurs femmes, un groupe souriant, point trop étonné, et se taisant parfois pour écouter les propos des cabinets voisins. Mais c'est l'exception et la rareté.

La généralité, ce sont les éperdus, les oublieux, les *agités*, — comme on dit à Charenton.

III

Entre trois et quatre heures du matin, la symphonie éclate par tous ses instruments à la fois.

Les seaux de glace et les bouteilles de Champagne circulent sans relâche aux mains des garçons effarés. On dirait la chaîne d'un incendie.

On va et vient dans le corridor; on se croise, on s'interpelle, on se reconnaît, on se complète, on se perd même. De temps en temps une porte s'ouvre brusquement et, dans un fouillis de lumière, on aperçoit une adorable créature dansant sur une table, la chevelure à demi dépoudrée, et, de ses bottines mignonnes, broyant le dessert et culbutant les assiettes ! Un *plumet* gigantesque rêve, accoudé; un jeune attaché d'ambassade envoie la fumée d'un cigare au plafond. La porte s'est refermée. Ce n'était qu'une vision.

Sur un autre point, c'est une chanson à la mode qui perce les murs, — avec chœur au refrain :

> Le duc de Bysance
> Est bon musulman ;
> Qu'avec élégance
> Il met son turban !
> Le duc de By, by, by, by.....

Quant au piano, il devient épileptique, il rugit, il gémit, il demande grâce, il appelle à la garde. Les énergumènes, comme s'ils avaient à exercer une vengeance particulière contre cet ustensile, lui font moudre les airs les plus barbares, — tout le répertoire des futurs petits-neveux de Wagner. Au son de ces choses, des couples improvisés s'essayent à des valses et à des polkas fantastiques qui, à peine commencées, vont donner contre une fenêtre, et s'achèvent sur les coussins renversés d'un divan...

Ce qu'il y a de plus surprenant au milieu de tout cela, c'est que chaque cabinet particulier conserve sa physionomie distincte. Autant de soupeurs, autant de types. — Celui-ci n'a qu'une idée fixe, c'est d'envoyer le *chasseur* en commission, malgré l'heure indue. Quelques-uns demandent du papier et de l'encre ; ils dessinent des bonshommes et tracent des paraphes. On en a vu qui poussaient le désordre des idées jusqu'à assembler des rimes, — comme celles-ci par exemple, adressées

A LA PERSONNE LA PLUS IVRE DE LA SOCIÉTÉ

Puisque avant le dessert la fatigue t'a prise,
Blonde et chétive enfant qui n'est pas même grise,
Et qu'à peine au début de nos propos joyeux
Les éclairs des flacons ont vaincu tes grands yeux ;
Puisque ton coude nu se pose sur la nappe,
Que le bâillement seul de tes lèvres s'échappe,
Que ton corps se dérobe et que ton front s'endort,
— Sur le sofa défait aux coussins à glands d'or,
Quoique pour une nuit entière on t'ait payée,
Va dormir un instant dans tes cheveux noyée !

Mais il faut se hâter de déclarer que les cas de délire poétique sont ceux qu'on a le moins à signaler dans les cabinets particuliers.

IV

Comment cela finit-il ?

Regardez !

Entre deux rideaux mal joints se glisse un filet pâle et triste.

C'est l'aurore profanée, qui vient éclairer des visages bleuis et des paupières cernées.

A cette soudaine apparition, tout le monde se lève en chancelant, se regarde en tressaillant, demande à la hâte paletots et manteaux. Vite une voiture! deux voitures! trois voitures! Ce n'est pas un départ, c'est une déroute. On croirait voir ces fantômes des ballades allemandes que dissipe le son d'une cloche ou le ricanement du coq.

Cela finit par l'addition et le grand jour.

PROPRIÉTÉ A VENDRE

SONNET

J'ai voulu tout revoir. Les ronces, la bruyère
Ont détruit le sentier tant parcouru naguère.
Je marchais, hésitant... De même qu'autrefois,
Furtivement, j'entrai par la porte du bois.

Et je fus obligé de m'asseoir sur la pierre.
Devant moi la maison, plus brune sous le lierre,
Après douze ans, — autant ! Tout à coup une voix.....
C'était le jardinier, un bonhomme narquois.

Du dernier maître mort ensemble nous causâmes.
« Et ses filles, monsieur ! c'étaient deux tendres âmes !
» Une surtout, si belle ! » Et me voyant trembler,

Il leva son regard et crut se rappeler.
Quand, arrivés tous deux devant son toit de chaume,
Je lui saisis la main : « Adieu, mon vieux Guillaume ! »

LES MESSIEURS QUI ÉCRIVENT

―――

« Vous étiez hier à l'Odéon, dit le critique influent à Rodolphe, dans es *Scènes de la Bohème;* de qui est la pièce nouvelle?

— C'est d'un monsieur, répond Rodolphe.

Le mot ne fait pas seulement sourire, comme tous les mots de Henri Murger, il fait rêver. On le voit, ce monsieur. Priez plusieurs caricaturistes de le dessiner; celui-ci pourra le représenter glabre comme un œuf, celui-là pourra le faire barbu comme un ermite, — il sera toujours ressemblant et on le reconnaîtra toujours. Ce ne sera pas un écrivain, ce sera le *Monsieur qui écrit.*

Le Monsieur qui écrit! c'est-à-dire l'homme qui fait une chose qui lui est étrangère, pour laquelle il n'est pas né, à laquelle il n'a rien sacrifié ; l'homme qui se mêle de ce qui ne le regarde pas. Dans cette catégorie je ne range pas, bien entendu, le Monsieur inoffensif qui a fait une fable ou qui compose des chansons pour les dîners de famille. Celui-là est une âme candide. J'ai seulement en vue le Monsieur qui prétend arriver au public, qui se hisse jusqu'à l'impression ou la représentation, qui ne dissimule pas son amour de la renommée.

Souvent j'ai vu venir dans les bureaux de journaux le Monsieur qui écrit. Il était irréprochablement vêtu, comme un Monsieur qui n'écrit pas. Il prenait des airs mystérieux pour demander à être introduit, non pas auprès du rédacteur en chef, — dont il redoutait la jalousie, — mais auprès du *directeur*, ou mieux encore, auprès du *propriétaire* du journal. Ce titre de propriétaire lui inspirait plus de confiance. Et une fois qu'il était introduit et qu'il avait été invité à s'asseoir, l'homme qui écrit commençait par dire pour imposer tout d'abord la considération :

« Je suis notaire — ou médecin, — ou magistrat — ou fabricant de plomb de chasse. »

Cela établi, il continuait, mais alors avec un sourire :

« Je m'occupe de littérature à mes moments

perdus... Oui... j'ai composé un roman historique sur *le Moulin de Javelle,* où se trouvent élucidés plusieurs points importants d'archéologie. Des amis, trop bienveillants sans doute, m'ont conseillé de le livrer à la publicité. J'ai pensé naturellement à votre honorable feuille, *à laquelle je suis abonné depuis quatorze ans.* Voici mon manuscrit, Monsieur, je le soumets à votre jugement *si élevé et si indépendant...* Quant aux conditions, mon Dieu, j'en passerai par ce que vous voudrez... Je n'ai pas besoin d'écrire pour vivre... Vous comprenez, ce n'est pas mon métier. »

Autant d'impertinences!!!

J'admire surtout cette expression ravissante avec laquelle il prétend pallier sa mauvaise action : « J'écris à *mes moments perdus.* » A ses moments perdus, — comme cela, tout simplement, quand il n'a rien de mieux à faire, pour se délasser, de la même façon qu'il jouerait au bouchon! A ses moments perdus, — lorsque ce n'est pas assez d'une vie entière et de toutes les minutes de cette vie pour apprendre le grand et terrible art d'écrire! Quel empressement naïf il apporte à déclarer qu'il *n'en fait pas son métier !* La singulière recommandation que celle-ci! Il ignore donc qu'aucun chef-d'œuvre n'est jamais émané des gens qui n'en faisaient pas leur métier? Pour cette raison, les messieurs qui écrivent sont assez coulants sur la question du salaire. C'est heureux! N'ayant pas *besoin d'écrire pour vivre*, ils cèdent volontiers leurs productions pour peu de chose, — voire pour rien du tout. Ils n'aspirent pas après l'argent, ils se contentent de la gloire.

Les messieurs qui écrivent ont plus que les autres la conscience de leur mérite et la confiance dans leurs *œuvres*. Sur ce terrain, ils sont inébranlables. — Prodigieux! — Pourtant les déceptions ne leur manquent pas. Si le directeur d'un journal les a accueillis une première fois avec curiosité, il les reconduit ensuite avec épouvante. C'est pour eux qu'a été inventée la célèbre et injurieuse formule : « Les manuscrits non insérés ne sont pas rendus. » Mais les messieurs qui écrivent ont fatalement un double de leurs écrits. De refus en refus, et lorsque leur amour-propre n'est plus qu'une large plaie, forts de leur conviction, ils se décident à une épreuve suprême : ils se font imprimer A LEURS FRAIS.

Je hais les messieurs qui écrivent, comme on hait les individus qui s'exercent à une concurrence maladroite et pitoyable. Je les rencontre sans cesse sur mon passage, entrant dans le salon d'où je sors, sortant du magasin où j'entre ; hommes du monde chez les libraires, écrivains chez les amphitryons, — s'essayant les uns et les autres à ce double jeu de la supériorité.

Du reste, cette haine, les messieurs qui écrivent la rendent bien aux écrivains. Jaloux de leurs travaux, envieux de leurs succès, dont ils se font les railleurs à huis clos, ils vivent jaunes, verts, livides, jusqu'au jour où ils meurent d'une congestion rhythmique ou d'un roman remonté au cœur. Et moi qui me suis quelquefois irrité contre quelques-uns de mes confrères les écrivains, par un amour exagéré de mon art, et qui ne suis pas certain d'être toujours resté dans la mesure, — j'ai voulu une fois me fâcher, mais sérieusement et justement, contre les messieurs qui écrivent et qui ne seront jamais mes confrères !

RONDEAU DE NOUVELLE ANNÉE

A Madame M.

Que voulez-vous qu'on vous souhaite?
Vous avez richesse et beauté,
Avec la grâce qui complète,
Avec l'esprit, cette clarté!
Vous avez même la bonté.
En dot tout vous fut apporté;
La fée a cassé sa baguette.
Il vous faut demeurer parfaite;
    Que voulez-vous?

L'an dernier n'est pas regretté,
Tout nouvel an est votre fête.
Ah! si j'étais un grand poëte,
Je sais bien qui j'aurais chanté!
Mais je n'ai rien qu'une lyrette;
    Que voulez-vous?

COMME QUOI IL EST IMPOSSIBLE

DE

MOURIR DE FAIM A PARIS

I

Un jour, j'ai voulu mourir de faim. Il y a longtemps.

Je n'ai pas pu.

C'était à l'époque de ma prime jeunesse, alors que les directeurs de journaux me faisaient un crime de ce que je ne m'appelais pas Élie Berthet, et que les éditeurs, avec un sens merveilleux, refusaient d'escompter mon avenir littéraire.

J'étais las d'emprunter à des pauvres, — les seuls à qui j'aie su emprunter.

D'un autre côté, il me répugnait d'attenter à ma personne, ensemble sacré et mystérieux de facultés diverses. Je ne voulais pas tirer sur moi.

Je pris un terme moyen : je résolus de me laisser mourir de faim.

Cela conciliait tout.

II

Fortement armé d'inertie, — mon arme favorite, — je me rendis au centre de Paris, dans le jardin du Palais-Royal.

Là, j'attendis la mort.

Récapitulant mon existence de vingt-deux années, je me comparais à un lis brisé sur sa tige. Un reste de timidité et l'absence totale de moyens vocaux m'empêchèrent d'imiter le cygne dans un hymne suprême.

Une heure ne s'était pas écoulée, qu'un de mes compatriotes, — riche potier d'étain de Nantes, — se plantait devant moi, les bras ouverts, et m'emmenait dîner chez Corazza.

Le potier d'étain fut charmant.

Il fit venir une demi-bouteille de Beaune, et il me raconta l'histoire de son associé.

Au billard, il me rendit dix points de trente.

Je le reconduisis, entre minuit et une heure, à son hôtel garni de la rue du Bouloi.

Mon coup était manqué.

III

Je ne me décourageai pas cependant; et, le lendemain, je retournai à la mort.

Seulement je choisis le boulevard des Italiens pour théâtre de mon agonie. Perdu dans la foule, vaste désert d'hommes, j'espérais passer inaperçu, comme j'avais vécu jusqu'alors ; — mais je comptais sans le hasard, qui, de temps immémorial, a élu domicile sur le boulevard des Italiens.

Le hasard me fit signe par une fenêtre d'entresol de la *Maison-d'Or*.

Introduit dans un petit salon, — où il y avait une table, un piano et un canapé, — je fus accueilli joyeusement par une demi-douzaine de membres de la Société des gens de lettres, joints à quelques canotiers français.

J'y liai connaissance, pour la première fois, avec le filet de sole à la Richelieu.

Décidément, la mort ne voulait pas de moi.

IV

Je fis cependant une troisième tentative. Cette fois, pour être plus certain de mon coup, ce fut au bois de Boulogne que je me transportai.

Une allée particulièrement sombre semblait favoriser mon projet.

J'y rencontrai deux duellistes, — qui me supplièrent de remplacer un témoin qui leur manquait, et qui, après avoir échangé deux balles sans résultat, m'emmenèrent déjeuner à la porte Maillot.

Le déjeuner dura trois jours.

V

Je vis que je m'y prenais fort mal pour mourir de faim.

Il ne fallait pas aller au-devant de la mort;

il fallait l'attendre chez moi, tranquillement, patiemment. La mort est femme ; elle a ses coquetteries et ses caprices comme toutes les femmes. Je m'immobilisai donc dans ma mansarde, et je crus un instant toucher au comble de mes vœux.

Par malheur, la clef était restée sur la porte.

Un créancier entra.

Je ne m'en émus pas plus qu'il ne le fallait. Les grandes situations engendrent les grands héroïsmes. Mais lui, intrigué par mon attitude marmoréenne :

— Qu'est-ce que vous faites là ? me demanda-t-il.

Je lui répondis fort naturellement, avec un commencement de râle :

— Je meurs de faim.

— Ah ! pas de çà ! s'écria-t-il ; vous n'êtes pas dans votre droit ; vous ne vous appartenez pas, mon bonhomme ! Vous vous devez à votre pays et à vos dettes, à la gloire et à mes factures. Je ne vous lâche plus, venez avec moi, chez ma femme ; nous avons justement aujourd'hui un superbe gigot. Pauvre jeune homme ! Aimez-vous le gigot ?

Et mille autres discours.

Cette fois encore, le hasard eut raison de la vieille Mob.

Dès lors, je renonçai à ma détermination, pénétré que j'étais de l'inutilité de mes expériences, — puisque je n'avais jamais autant et mieux dîné que pendant cette période critique.

Et j'acquis de la sorte la conviction qu'il est impossible de mourir de faim à Paris.

LE CHARBONNIER

Dans ses contes en vers, un jour, Voltaire osa
Mettre une grande dame entre les bras d'un rustre;
C'était un charbonnier; et sur la lèvre illustre
La lèvre roturière un instant se posa.

C'était pour *les beautés* paresseuses et fières
Que Voltaire écrivait ce conte croustillant.
Je m'en suis souvenu, madame, en vous voyant
Seule, triste, moqueuse et sans flamme aux paupières.

Perdre ainsi sa jeunesse est un crime à Paris.
Dites, que faites-vous de toute votre grâce ?
Vous n'avez pas vécu, vous êtes déjà lasse ;
Sortez de cet ennui, sortez-en à tout prix.

N'avez-vous pas, dans l'ombre où votre spleen s'étale,
Rencontré quelquefois un regard éclatant ?
J'ai l'amour et la force, et la séve brutale.
Je suis le Charbonnier que votre cœur attend.

UNE PRÉFECTURE

Chose inouïe! Lui qui ne procédait que par télégrammes et qui dépensait pour plus de trois mille francs de dépêches par an (on le lui a assez reproché à l'audience!), il avait pris la peine de m'écrire ce billet : « Je vous attends à dîner après-demain à la préfecture. Prenez le train de trois heures; une voiture ira vous chercher à la gare d'arrivée. Arrangez-vous pour passer deux ou trois jours au milieu de mes administrés. »

Il y a de cela sept ans juste. Sept ans! comme cela semble lointain! On était en plein hiver, en plein carnaval, deux mots alors synonymes; Paris et même toute la France s'amusaient sans que personne y trouvât à redire. — Bien que je ressentisse quelque contrariété à *lâcher* le boulevard et l'Opéra à cette époque de l'année, je n'hésitai pas : il y avait une promesse formelle de ma part, et d'ailleurs je savais que je n'allais pas m'enfouir dans une thébaïde. Au contraire. Les bruits les plus rassurants circulaient déjà sur la préfecture de ***, et je n'étais pas fâché d'en contrôler l'exactitude par moi-même.

Au jour dit, par un froid de chien, me voici donc au chemin de l'Ouest, ligne de la Normandie. Peu de personnes dans mon compartiment. Les dernières clartés du jour me permettent de voir défiler les paysages par la vitre humide de la portière. Je regarde, avec les restes de poésie que j'ai dans l'âme, les restes de verdure dans les champs. Triste tableau! Grâce à l'hiver, la campagne a l'air d'être en réparation. Les châteaux seuls y gagnent : on les distingue plus nettement à travers les arbres dépouillés. La nuit se forme, elle est formée. Je m'arrange de mon mieux pour parcourir quelques journaux, à la lueur de la lampe balancée au plafond du wagon.

Soudain, je sens le train qui s'arrête. Serions-nous déjà arrivés? Non; nous sommes au milieu des chemins. Un quart d'heure se passe, puis une demi-heure. Ce sont choses assez fréquentes. Je me contente de soupirer en songeant à ceux qui m'attendent, à la table dressée, à la salle éclairée... Bref, j'eus à subir un retard d'une heure et demie. Que la compagnie des chemins de fer consulte ses registres du 19 janvier, et elle renoncera immédiatement à m'intenter un procès en calomnie, au cas où la fantaisie lui en prendrait à la lecture de ces lignes.

Huit heures vingt minutes. Ce bas-fond, piqué de points lumineux, ces clochers espacés, ces silhouettes modestes, — c'est là. Le train fait halte en poussant d'énormes sifflements de satisfaction.

A peine ai-je mis le pied sur le trottoir de la gare que je suis accosté par un individu en livrée.

— Monsieur M..., s'il vous plaît?

— C'est moi.

— Ah! monsieur, comme ces messieurs étaient inquiets!... Mais comme ils vont être contents de vous voir!

Aussitôt mon sac de voyage est enlevé et transporté dans une voiture envoyée au-devant de moi. Clic! clac! La voiture prend le galop, descend une côte et s'engage dans des faubourgs sinon endormis, du moins tout à fait somnolents. Je me penche pour lire des enseignes : *Au mouton couronné*. Plus loin, j'aperçois dans un magasin étroit et bas une vieille femme en coiffe, assise auprès d'une chandelle qui brûle sur un comptoir ; — c'est un magasin de modes, c'est une modiste ! La voiture galope toujours, recevant de temps en temps le jet rougeâtre d'un bec de gaz ; elle longe les promenades sans promeneurs, elle coupe les boulevards silencieux, elle fait sonner haut le pavé des places. Tout à coup elle débouche au cœur de la ville. Flic ! flac ! Changement de décoration : les cafés apparaissent, les passants se montrent ; les inévitables magasins d'habillements confectionnés étalent les séductions de leurs vitrines ; les bocaux des pharmaciens dardent des feux sataniques verts et rouges. C'est à se croire dans une capitale.

Puis l'obscurité recommence, mais pas pour longtemps. La voiture s'arrête enfin au bout d'un long mur, devant une grande et belle maison toute blanche.

Cette maison est l'hôtel de la préfecture. — Ça ? ça ? Parfaitement. — On la croirait inhabitée, tant les fenêtres en sont hermétiquement closes, tant un silence profond l'enveloppe.

Inhabitée... Ah ! bien oui ! Après que la voiture a franchi une grille qui a glissé sur ses gonds comme par enchantement et sans aucun signal, quelques tours de roue me conduisent devant la porte d'honneur, qui s'ouvre avec fracas, donnant passage à un flot de lumière et à une échappée de voix. Aveuglé, étourdi, je n'aperçois pas les deux mains tendues de l'amphitryon qui me serrent, qui m'attirent dans le vestibule.

— Enfin, vous voilà !. Nous avons su votre retard par le télégraphe ! Combien nous avons été contrariés ! Nous vous avons attendu jusqu'au dernier moment... Nous excuserez-vous d'avoir commencé à dîner sans vous ?

— Vous avez joliment bien fait.

— Venez vite... Si vous saviez combien vous êtes désiré !

— Mais quelques soins de toilette... permettez-moi auparavant...

— Non, non... Venez comme vous êtes... vous êtes superbe !... Vous rappelez Brummel... Mes convives ne vous pardonneraient pas un nouveau retard... ils sont féroces... Pensez donc : on a reculé pour vous le rôti... Benoit, mon chef de cuisine, menace de se passer sa broche à travers le corps.

— Un peu d'eau, au moins...

— Jamais... restez nature... N'entendez-vous pas d'ici leurs vociférations... Le peuple murmure... Venez !

Et je suis entraîné par lui plutôt qu'amené dans la salle à manger, où m'accueille un hurrah frénétique. Si j'avais été ébloui dans le vestibule, ici je me trouve aveuglé. Je vois trente-six mille bougies ; la tête me tourne, je ne sais plus où je marche. Vingt visages curieux sont dirigés vers moi, mais des visages bienveillants et qui, animés par l'à-compte pris sur le festin, me pardonnent aisément. Mon couvert avait été réservé en face de lui. J'y prends place en balbutiant de ces propos dont la stupidité provoque infailliblement l'indulgence.

— Vous devez avoir une faim de tous les diables ! dit-il en s'empressant de venir à mon secours.

— J'avoue...

Et mes yeux tombent en même temps sur une assiette de bisque qui vient d'être posée devant moi.

— Mangez, mangez ! vous parlerez ensuite, ajoute-t-il ; ne vous laissez pas intimider, nous ne vous regardons pas, vous nous aurez bientôt rattrapés... Georges, le Xérès !... Messieurs, je vous signale mon ami comme la plus belle fourchette et le plus magnifique gobelet de Paris !

Il n'en fallait pas davantage pour redoubler ma confusion. Je faillis en avaler ma cuiller.

Heureusement que les convives ne tardèrent pas à se remettre à leur conversation interrompue. Cela me donna le loisir de les examiner du coin de l'œil, et sans perdre une bouchée. Il y en avait de tous les âges, mais les maturités primaient les juvénilités. A la droite de l'amphitryon était l'architecte du département, un bonhomme un peu tordu par les rhumatismes, mais jovial comme Désaugiers; vous voyez d'ici la nuance. A sa gauche, le capitaine de gendarmerie, tout en grosse chair, en grosse couleur, en grosse joie, pouffant à la moindre plaisanterie. Puis deux ou trois conseillers de préfecture, cela va sans dire ; le médecin de rigueur, l'avoué Jules. Auprès de moi, immobile dans son gilet à cœur, le teint frais, ce jeune secrétaire qui devait se rendre célèbre deux ans plus tard en paraissant dans un bal travesti sous un costume entièrement composé de plumes de serin. Les autres m'étaient inconnus, mais, dans tous les cas, je vous les donne comme les plus pimpants fonctionnaires du monde, passés à tous les fers, à toutes les brosses et à toutes les pâtes de senteur, en cravate neigeuse, en manchettes d'albâtre, majestueux ou jolis, ne sortant pas de là, et particulièrement déterminés à ne pas se laisser envahir par la mélancolie. Oh! à aucun prix!

Mais le plus brillant de tous, le plus radieux, le plus prestigieux, c'était encore le maître de maison. Je ne pouvais me lasser de l'admirer. Il avait alors une quarantaine d'années, mais on ne lui en aurait pas prêté plus de trente-cinq. La taille était bien prise, la poitrine bombée, à la militaire. La tête se détachait bien, une tête d'une mobilité excessive, avec des yeux pleins de curiosité et d'interrogations ; la lèvre ornée d'une moustache soigneusement effilée et cirée, comme Napoléon III ; une peau animée, ni trop pâle ni trop rouge ; des cheveux — oui, des cheveux, cette chose si rare dans l'administration ! — noirs et s'arrangeant naturellement. C'est vrai, il avait un air de ressemblance avec Lambert Thiboust, comme on l'a souvent répété. Mais il avait de plus que l'aimable et regretté vaudevilliste une pétulance qui n'appartenait et qui n'appartient encore qu'à lui seul. Ah ! cette pétulance ! il l'apportait dans tout et partout ; elle est la cause de toutes ses adversités, — et aussi de quelques-uns de ses bonheurs, il faut l'espérer, du moins.

Personne ne posait moins que lui, il n'y avait jamais songé. Causeur spirituel, très au courant de tout, et même de plus que de tout, il parlait d'abondance, avec un entrain infatigable. Il attrapait des mots au vol, des mots qui auraient fait fortune à la scène, ou tout au moins dans les coulisses, mais qui n'étaient pas toujours compris par son entourage. C'était Romieu, mais un Romieu millionnaire, avec ce je ne sais quoi de plus élevé qui est tout simplement la race et la grâce.

Mon intention n'est pas de suivre le dîner dans toutes ses phases et à travers tous ses services. Je faillirais à la tâche. Il suffira de dire que tout venait de Paris ou à peu près. Les faisans étaient d'impériale provenance; les vins étaient accablés d'années; les truffes, ces diamants noirs, apparaissaient et réapparaissaient à tout propos et sous tous les prétextes. Pas de langoustes. Pourquoi? Trop échauffantes probablement pour les conseillers de préfecture.

Lorsqu'on m'eut laissé manger et boire tout à mon aise, il fallut payer en monnaie de nouvelles. Je m'exécutai de bonne volonté et vidai mes poches : nouvelles du monde, *potins* politiques, *racontars* de cercles, propos de théâtres. Les théâtres! c'était là le faible d'Eugène. Et quand je dis les théâtres, je m'entends et l'on m'entend. Il aimait la comédie pour les comédiennes, l'opéra pour les cantatrices, le ballet pour les ballerines. Pas dégoûté, Eugène!

Comme on l'eût compris et même félicité, s'il n'avait été qu'un homme du monde, rien qu'un homme du monde !

Mais ce diable d'habit brodé !

L'heure des toasts arriva insensiblement. Ce fut une *furia*. D'abord la santé obligée du chef de l'État, portée avec conviction par notre hôte. Ce devoir accompli, l'écluse fut lâchée.

— A notre préfet !

— A notre cher préfet !

— A notre actif et habile préfet !

— Au défenseur de nos libertés industrielles !

— Au bienfaiteur de nos populations agricoles !

— A celui qui...

— A celui que...

— ... Par son zèle infatigable et sa sollicitude de tous les jours...

— ... S'est placé si haut dans l'estime et dans la reconnaissance de ses concitoyens !

— A sa santé ! A la santé de M. le préfet !

Et le préfet, coupe en main, de s'incliner de tous les côtés, non sans un certain attendrissement, — je dis bien, attendrissement, — car, dût-on s'en étonner aujourd'hui, tous étaient de bonne foi en s'exclamant de la sorte ; ces toasts étaient sincères, le rœderer aidant...

Deux heures après, mon amphitryon prenait la peine de m'installer lui-même dans une chambre coquettement tendue d'une étoffe claire et riante. Un feu ardent brûlait dans la cheminée ; le lit était immense, l'édredon volumineux, dégageant une odeur fine et pénétrante ; les bouts en maroquin de deux jolies pantoufles s'allongeaient sur la peau de tigre. L'idéal d'une chambre d'ami !

Toute la nuit, j'eus des rêves singuliers. Il me revenait à l'esprit une légende confuse sur les châteaux hantés après minuit par des robes blanches. Que vous dirai-je ? Je fus continuellement sur le qui-vive et dans une attente indéfinie; j'ouvrais les yeux et je prêtais l'oreille, — mais je ne voyais et je n'entendais absolument rien. Les sots récits !

Il était un peu tard lorsque je me réveillai, et je pus constater que j'avais légèrement « mal aux cheveux ». Un bon petit soleil d'hiver essayait timidement de se glisser entre les rideaux ; j'allai lui ouvrir. Les fenêtres donnaient sur le jardin de la préfecture, un jardin ravissant, peuplé d'arbres de toutes les contrées. Par-dessus les feuilles j'apercevais la cathédrale et l'évêché, où règne le souvenir déjà ancien de Mgr Ollivier, un prélat élégant, généreux lui aussi, aimé lui aussi. Que voulez-vous? Il était dans les destinées de cette petite ville de ne pas échapper aux dominations mondaines.

Je tins à sortir avant déjeuner. C'était un dimanche. Les habitants se rendaient aux offices. Je vis passer les élèves du collége, musique en tête. Le tambour avait seize ans et l'air crâne ; derrière lui, quatre ou cinq clairons faisaient rage. Partout un air de contentement, de bonheur tranquille.

Douce petite ville! moitié arbres, moitié maisons. Plusieurs rivières la parcourent et l'égayent; une d'elles, l'Iton, est renommée pour ses truites. Je devais en manger une le matin même, arrosée d'un excellent cidre de Pressagny-l'Orgueilleux.

Un déjeuner en tête-à-tête avec lui tout simplement, suivi d'une heure de bonne causerie, après laquelle j'étais complétement remis du dîner de la veille.

— Combien de jours me donnez-vous? me demanda-t-il.

— Aujourd'hui, pas davantage.

— Pas davantage! Et pourquoi?

— Vous le savez bien, répondis-je, ma vie et mon devoir ne sont pas ici.

— Alors, vous repartez demain soir?

— Non, demain matin.

— Que vous êtes heureux de retourner à Paris! s'écria-t-il après un moment de silence.

— Bon! Comme si vous n'y alliez pas autant que vous le voulez!

— Ne croyez pas cela, dit-il vivement; La Valette est très-sévère et me force à résidence.

— Eh bien! le bonheur n'est-il pas ici? repris-je en dirigeant mon regard vers le jardin, où les pâles rayons du soleil faisaient des efforts désespérés pour enjouer le gazon.

— Le bonheur... oui... c'est bien possible... prononça-t-il d'un air distrait.

Et changeant soudain de ton, avec sa mobilité et sa volubilité habituelles :

— Mais pensons à vous rendre votre séjour le plus agréable possible... Organisons un programme, comme dans les réjouissances publiques... avec permission de M. le préfet... D'abord, après déjeuner, visite aux Archives, une création de mon fait, une installation sans rivale... Vous verrez... Ensuite, à trois heures, grande revue des pompiers... une autre de mes créations... Quelle tenue! quels casques! quels uniformes!... La revue sera suivie d'un concours de fanfares et d'orphéons... Les *Vénitiens de Bayeux* ont promis d'y envoyer une députation... Vous décernerez les prix... Oui, oui, je veux que vous viviez un peu de ma vie pendant quelques heures ; que vous partagiez mes innocentes félicités... A sept heures, dîner... pas comme hier, par exemple... non... dîner de famille... car j'ai une famille, quoiqu'on semble en douter... vous l'irez dire bien haut à Paris, je vous en prie... Ensuite... Ah! ma foi, ensuite... je vous présenterai au cercle ébroïcien... oui, mon cher, ébroïcien!... Vous tenez-vous pour satisfait, hein!... C'est égal, vous êtes bien gentil d'être venu me voir.

UN HAREM

— Qu'est-ce que c'est donc qu'un harem ?
Demandait la jeune Euphrasie
Au peintre blond nommé Wilhem,
Coloriste retour d'Asie.

— Tiens, dit-il, ô cœur ingénu !
En lui désignant une ébauche
Où plusieurs femmes au sein nu
Chantaient l'hymne de la débauche ;

Or, vermillon et bleu-lapis ;
Vois, un harem, c'est une chambre
Pleine de fleurs et de tapis,
De coffrets et de senteurs d'ambre,

De flacons, de trépieds brûlants,
De gaze, de coussins, de soie,
De grands plateaux étincelants,
Fouillis où le regard se noie !

Par-dessus tout, des flots de chair,
Quinze créatures groupées,
Ayant toutes coûté très-cher,
Et savamment inoccupées.

Il en est de tous les pays :
Race maure, latine, franque ;
De l'Égypte où croit le maïs,
De la France où fleurit la banque.

L'une, soulevant ses cheveux
Par un geste de canéphore,
Montre au fond de ses deux grands yeux
Une caverne de phosphore ;

L'autre, pleurant son Roméo,
Dans un coin, rêveuse et bizarre,
Éveille une âme de guitare,
Comme dirait notre Théo ;

Celle-ci, dont la roideur place
L'état civil dans le Thibet,
D'une lèvre boudeuse agace
La neige rose d'un sorbet

D'autres qui n'ont point de gaze, elles,
D'un bras lourd venu d'Amalfi
Caressent le flanc des gazelles.
— Oh! Wilhem, des calembours, fi!

— Celle-là, d'un écran de plume,
Irlandaise au buste accoudé,
Apaise les souhaits qu'allume
Un sultan sans cesse attardé.

— Un sultan! s'écrie Euphrasie.
Wilhem, dit-on, a reparti :
— J'ai vu les harems de l'Asie
Quand le sultan était sorti.

LE COMPOSITEUR D'IMPRIMERIE

MONOLOGUE

(*Il travaille à la casse.*) — Où en étais-je resté avant déjeuner? « Remplaceront les anciens rouages administra... » Continuons maintenant. Où est ma copie? Ah! la voici. « Une vive rougeur se peignit sur les traits d'Emma... » Ça ne va pas, ça n'est pas ma copie; on m'a changé ma copie. Encore une farce des apprentis! Qui est-ce qui a le feuillet par « tifs »? Ah! merci, Baulin. « tifs, en les simplifiant considérablement ». A la bonne heure. Personne ne veut de la Rougeur d'Emma? Ça doit être à Charles. Est-ce qu'il est encore à déjeuner chez Dubar? Toute la vie alors!

« . . . . . Systématiquement avancés par Malthus... » Dubar a changé son vin; as-tu remarqué, Auguste? C'est une maison qui s'en va. Et puis, douze sous un merlan! Presque aussi cher qu'au café Anglais! Pas d'M majuscule; ce sera pour une autre fois. « Afin d'assurer l'extinction du paupérisme... » En voilà un qui se démanche à vouloir nous améliorer! Il ne sait seulement pas comment s'écrit paupérisme: il met p, o, po. Je veux bien.

Qui est-ce qui va, le 30, au théâtre Molière, voir la représentation au bénéfice de la veuve de Boulard? Un spectacle qui se porte bien: *le Piano de Berthe*, *la Corde sensible*, *Pauvre Jacques*, *le Roman de la Portière*, et un intermède musical. C'est Heurtaux qui fait madame Desjardins. On voulait me donner le rôle de Bressant dans le *Piano*. — Eh bien, pourquoi pas? — Qu'est-ce qui vous prend? Est-ce que je ne l'ai pas joué une fois à la salle Lyrique? On ne peut jamais causer sérieusement ici... Quelle boîte!

« Il faudrait, pour réaliser ce programme, que l'État consentît seulement à avancer douze millions... » Ah! oui, voilà ce qu'il faudrait. Douze millions seulement; pas un décime de plus. Dame! en se fouillant... A propos, vous savez que Letellier a perdu une tournée?... « Douze millions »... Décidément, c'est donné. Pourvu que l'État ne manque pas une aussi belle occasion! Rien que d'y penser, j'en ai une sueur dans le dos.

Allons, bon! encore une faute d'orthographe! Ça fait deux punaises dans le beurre. Tu vas bien, mon bonhomme. Faut pas te gêner; ça t'incommoderait. A quoi donc celui-là s'est-il occupé, à la mutuelle quand il était petit? Et ça signe: « Membre de plusieurs académies savantes. » Savantes, le mot y est; *comme c'est flatteur pour ces académies!* Avec cela qu'il vient dix fois par jour au bureau s'informer si la composition avance.

Il croit que l'univers attend son ouvrage avec anxiété. Il prétend que chaque jour de retard lui fait perdre deux mille francs. Pauvre chéri! Qui est-ce qui me passe une prise? S'il vend quatre exemplaires de sa brochure, il aura de la chance.

En ai-je vu de ces auteurs! Tous les mêmes! Il n'y en a pas comme eux pour se monter le coup. Toujours essoufflés, toujours inquiets. A les entendre, il faudrait tout quitter pour ne s'occuper que de leur copie. Ils se croient perdus lorsqu'ils ont découvert une coquille dans leur texte. — Qu'est-ce que dira le public? se demandent-ils en gémissant. Le public ne se moque pas mal des auteurs. Trois heures déjà! Quel est celui de vous autres qui a entendu parler de l'accident de la rue Rochechouart? « ..... Sans compter l'immense part d'influence et de considération qui reviendrait infailliblement au promoteur d'une institution aussi féconde et aussi éminemment nationale. »

(*Le compositeur continue à composer.*)

POLICHINELLE AU RESTAURANT

I

Il a conduit Pomponnette
　　Chez Vachette,
Dans le cabinet vingt-deux :
Et là, même avant la bisque,
　　Il se risque
A lui déclarer ses feux.

II

Il entonne, sans pratique,
　　Son cantique ;

C'est Polichinelle-Achmet.
Il prononce avec emphase
 Cette phrase :
« Voilà comment on se met ! »

III

Il dit, agitant sa bosse :
 « Quelle noce ! »
Et, fécond en traits hardis,
Bruyant et content de vivre,
 Il semble ivre
Avant même les radis !

V

Mais elle, rien ne la touche,
 Et farouche
Comme monsieur Fualdès,
J'entends de ses lèvres roses,
 Quoique closes,
Sortir ce mot : « Cocodès ! »

V

Elle demeure accoudée,
  Obsédée,
Résolue à résister,
Inexorable et charmante
  Dans sa mante,
Qu'elle ne veut pas quitter.

VI

De fureur, il en détache
  Sa moustache,
Et module son regret
Sur ce timbre de romance :
  « Pas de chance !
Pas de chance au bilboquet ! »

VII

Un troisième personnage,
  A la nage
Dans un sceau d'argent orné,
Se soulève sur la hanche,

Tête blanche,
Cou de glace environné.

VIII

C'est le champagne ; il susurre :
 « Chose sûre,
Quand mon bouchon partira,
Tout à l'heure, cette belle
 Si rebelle
Mollement s'apaisera.

IX

» Elle sera la première
 (La lumière
Augmentant son tendre émoi)
A dire : « Quelle folie !
 » Je m'oublie...
» Qu'allez-vous penser de moi ? »

X

» Bientôt tu verras, te dis-je,
 Ce prodige.

Cesse d'invoquer l'enfer ;
Ton courroux est trop facile.
    Imbécile,
Arrache mon fil de fer !

XI

» Car je suis maître Champagne,
    Qu'accompagne
Le délire aux cent couplets !
Je dompte les plus sévères.
    A moi, verres,
Coupes, flûtes et cornets !

XII

» Si quelqu'une, fière ou triste,
    Me résiste
En affectant un roide air,
Je quitte mon ton bonhomme
    Et me nomme :
Carte blanche Rœderer !

XIII

» De l'incomparable veuve
— Haute épreuve ! —
J'arbore le nom vainqueur :
Grand Clicquot, à la rescousse !
Dans ma mousse
J'ai vu noyer plus d'un cœur ! »

XIV

Ainsi dit le vin superbe.
Moins acerbe,
La femme se sent capter.
C'est une cause que gagne
Le champagne :
Son bouchon vient de sauter !

ORAISON FUNÈBRE DE LA BROCHE

Je viens de rencontrer tout à l'heure à la devanture d'un fripier, pêle-mêle avec de vieux habits, de vieilles bottes, de vieilles robes, de vieilles cages, de vieilles serrures, de vieilles clefs, je viens de rencontrer — une broche.

O honte! ô décadence! ô fin de tout! Qui est-ce qui aurait jamais pensé que la broche pût disparaître de nos mœurs?

Carême qui l'eût dit? — Savarin, qui l'eût cru?

Je m'étais accoutumé à croire la broche éternelle. Elle était pour moi sacrée comme une institution, respectable comme un principe. Il me semblait qu'un de nos grands proverbes français était : « Ne touchez pas à la broche ! »

Elle était si belle, la broche d'autrefois ! Longue, affilée, luisante comme une épée ; on était tenté de la porter en verrouil. Elle avait une poignée, à la façon des serinettes, — pour aider à tourner la mélodie de la cuisson.

Lorsque la main humaine, trop peu jalouse de ses priviléges, se lassa de tourner la broche, ce soin fut abandonné à un chien enfermé dans une roue. Le tournebroche n'était pas encore créé. Il vint enfin, produit de la mécanique et de l'art, bijou de fer, ouvragé comme une horloge ou comme un puits anversois, — avec ses deux poids qu'on descendait et qu'on remontait, avec son tic-tac monotone et charmant, qui berçait et faisait rêver. Le tournebroche ! autre vestige des âges poétiques !

Alors, le tournebroche imposant et la broche magnifique appelaient la vaste cheminée — haute à abriter des personnes de grandeur naturelle sous chacun de ses côtés — et l'aimable feu, bien flambant et bien chantant, issu de beaux arbres. Quels excellents rôtis on faisait en ce temps-là ! Et comme les volailles paraissaient presque consolées et glorieuses d'achever leur carrière dans d'aussi nobles conditions ! C'était avec l'allégresse radieuse du fanatisme qu'elles semblaient verser les précieuses gouttes de leur graisse dans la lèchefrite.

A côté de la grande broche, de la broche d'apparat, héroïque, et résumant le dix-septième siècle,—il y avait de petites broches, des broches de combat, pour ainsi dire, — de même qu'il y avait de petits tournebroches à l'usage des petites gens, des tournebroches à ras de terre, et qu'on aurait pu mettre dans son gousset, comme une montre.

Le rôti de broche! — Que de majesté dans ces quelques syllabes! Certaines expressions disent toute une époque et expliquent toute une civilisation.

Cela n'est plus qu'un souvenir, aujourd'hui. La broche a disparu; elle a été reléguée au grenier comme une chose gênante et gothique; elle n'abattait pas assez de besogne. On lui a substitué le hideux four, le four britanique, rouge, violent, qui saisit la viande comme un assassin saisit sa victime, qui la meurtrit, l'étouffe, l'égorge et la fait saigner. Voilà pour le côté horrible.

Puis, un autre jour, le père Alexandre Dumas, cédant à je ne sais quel vertige, a proposé de remplacer la broche par une ficelle. Je dis bien : une ficelle. — Que le ciel lui pardonne ; pour moi, c'est au-dessus de mes forces! — On pend la volaille par les pattes à une ficelle qu'on fait tourner comme un fuseau. Voilà pour le côté bouffon.

Comprenez-vous maintenant ma tristesse en présence de cette broche à demi rouillée, rencontrée soudainement à la devanture ignoble d'un Rémonencq? C'est à vous, mon jeune et cher ami, à vous qui avez toute la vivacité et toute la fraîcheur de vos sensations, que j'ai voulu dire ce sombre épisode. C'est le poëte que j'ai voulu prendre pour confident de mon indignation. Il la partagera, j'en suis assuré.

Pleurons donc ensemble, — ô mon cher Albert, — pleurons sur la broche; arrosons-la de nos larmes, jus douloureux !

Morte la broche, mort le rôti !

TRÉMOUSSETTE

Trémoussette est mignonne,
C'est là l'essentiel.
Je veux de sa personne
Essayer un pastel.

Trémoussette a cet âge
Que l'on avoue encor,
Signé par le visage,
Approuvé par le corps.

Trémoussette a des ondes
De cheveux éclatants.
D'où vient donc que les blondes
Font songer au printemps ?

Trémoussette est rieuse,
Parce qu'elle a des dents ;
Et c'est une farceuse
A vous mettre dedans.

Trémoussette est gourmande,
C'est son moindre défaut.
Souvent je me demande :
— Que fit-elle au temps chaud ?

Trémoussette est altière,
Comme le sont toujours
Ces filles de portière
En robe de velours.

Trémoussette est mauvaise
Et n'enferme en son sein,
Sous la dentelle anglaise,
Que le cœur d'un gamin.

Trémoussette était née
Pour un sort plus heureux.
Parfois sa destinée
Lui met des pleurs aux yeux.

— Bah ! lui dit son Émile,
On peut être heureux sans
Avoir sur soi des mille,
Des mille avec des cent !

COMMENT

S'ÉCOULE UNE EDITION

SCENE PREMIERE.

(Le théâtre représente le cabinet du riche libraire-éditeur Joseph Brémer. On annonce un auteur qui porte, en style de catalogue, « un des noms les plus aimés du public ».)

L'ÉDITEUR.

Faites entrer.

L'AUTEUR.

Bonjour, Joseph. Comment va? Je parie que vous faites des additions. Pendant que vous y êtes, donnez-moi donc un bout de papier, pour que je vous signe un bout de reçu.

L'ÉDITEUR.

Un reçu... de quoi?

L'AUTEUR.

De quinze cents francs que vous allez me prêter.

L'ÉDITEUR.

Qu'est-ce que c'est que cette plaisanterie? Quinze cents francs? et pourquoi?

L'AUTEUR.

Parce que j'en ai besoin, tiens!

L'ÉDITEUR.

Vous ne m'entendez pas. Je veux dire : A quel titre?

L'AUTEUR.

A titre d'ami, d'abord, ce qui est quelque chose; ensuite à titre d'écrivain renommé figurant dans votre vitrine sous l'apparence d'un in-dix-huit respectable, recouvert de cette étiquette sacrée : *Vient de paraître.*

L'ÉDITEUR.

Mais vous savez bien que je ne vous dois rien du tout.

L'AUTEUR.

Parbleu! il ne manquerait plus que cela!

L'ÉDITEUR.

Vous êtes même en avance ici de plusieurs centaines de francs; je ne sais pas au juste. Je ferai faire votre compte demain.

L'AUTEUR.

Très-bien! c'est d'une excellente administration. En attendant, mon cher Joseph, prêtez-moi ce que je vous demande; nous compterons après.

L'ÉDITEUR.

Quinze cents francs! sur quoi? sur quelle garantie?

L'AUTEUR.

Sur les ouvrages que j'ai en train, naturellement. Car je travaille. Je n'ai que cela à faire.

L'ÉDITEUR.

Vos ouvrages! vos ouvrages! ils ne se vendent pas.

L'AUTEUR.

Malhonnête!

L'ÉDITEUR.

Que voulez-vous? vous ne soignez pas assez votre réputation; vous ne voyez pas les journalistes; vous n'avez de compte rendu nulle part.

L'AUTEUR.

Pontmartin m'a formellement promis un article.

L'ÉDITEUR.

Pour quand?

L'AUTEUR.

Oh! je ne veux pas le tourmenter... Le fait est qu'il est un peu lent.....

L'ÉDITEUR.

Ce n'est pas tout que d'avoir des articles.

L'AUTEUR étonné.

Comment?

L'ÉDITEUR

C'est le pont-aux-ânes, cela. Il faut encore se faire valoir, faire parler de soi, s'ingénier, avoir des aventures.

L'AUTEUR.

Quelles aventures?

L'ÉDITEUR.

Que sais-je moi? On est attaqué, la nuit, en rentrant chez soi. Justement, vous demeurez, je crois, dans un quartier assez désert, du côté du Luxembourg. Le lendemain, les journaux s'emparent de l'événement; on vous nomme, et moi, je vends dans la journée trois cents exemplaires de vos *Scènes de la vie d'artiste*. Voilà comment on pousse une édition.

L'AUTEUR.

Savez-vous que vous avez de l'imagination, mon cher Joseph?

L'ÉDITEUR.

Mon Dieu! je vous indique cela comme je vous indiquerais autre chose.

L'AUTEUR.

Eh bien, je vous promets d'être d'ici à quelques jours le héros d'une agression nocturne. Je ne veux plus rentrer à mon logis que passé minuit, jusqu'à ce que j'aie trouvé mon affaire.

L'ÉDITEUR.

Le principal est de réveiller l'attention publique.

L'AUTEUR.

Vous serez satisfait. — Or çà, maintenant, mes quinze cents francs?

L'ÉDITEUR.

Il faut que vous soyez bien de mes amis pour que je me mette autant à découvert avec vous. — Voici d'abord la moitié de la somme; l'autre moitié vous sera comptée après... l'accident.

L'AUTEUR.

Après l'accident, soit; j'aime le mot. Tenez, mon cher éditeur, voulez-vous que je vous parle comme Buridan? Vous avez eu là une idée qui ne serait pas venue à une mère!

SCÈNE II.

(Même décor. Six mois après. On annonce le même auteur.)

L'ÉDITEUR.

Faites entrer.

L'AUTEUR; il boite légèrement.

Etes-vous de bonne humeur aujourd'hui?

L'ÉDITEUR.

Pourquoi?

L'AUTEUR.

Parce que j'en abuserais pour vous emprunter un billet de mille.

L'ÉDITEUR.

Encore? Ma parole d'honneur, vous êtes insupportable, tous tant que vous êtes! Vous ne venez ici que pour m'emprunter de l'argent, et toujours de l'argent! Vous n'avez que ce seul mot à la bouche! Vous ne sauriez pas causer d'autre chose avec moi. A la fin, c'est humiliant, je vous le déclare.

L'AUTEUR.

Plût au ciel que je pusse changer de rôle avec vous, opulent Joseph!

L'ÉDITEUR.

Opulent! opulent! Ce n'est pas vous, dans tous les cas, qui avez contribué à cette opulence.

L'AUTEUR.

Ah çà! les *Scènes de la vie d'artiste* ne sont donc pas épuisées?

L'ÉDITEUR.

Vous voulez rire! votre accident n'a presque rien rendu.

L'AUTEUR.

Diable! une semaine au lit! J'en boite encore; je ne pouvais guère mieux faire les choses, cependant. — Enfin, combien vous reste-t-il d'exemplaires?

L'ÉDITEUR.

Onze cents environ. Dieu sait quand ils partiront maintenant.

L'AUTEUR.

Qu'est-ce qu'il faudrait pour les y exhorter?

L'ÉDITEUR.

Ah! ce qu'il faudrait!... Mais vous êtes une marmotte; vous ne bougez pas de chez vous.

L'AUTEUR.

Je ne demande qu'à aller, je vous assure. Je suis plein de bonne volonté.

L'ÉDITEUR.

Eh bien, il faudrait un coup d'éclat... quelque chose de décisif. Tenez, il y a ce soir une première représentation au Gymnase.

L'AUTEUR.

Je n'y vais jamais.

L'ÉDITEUR.

Je comprends cela, mais il faut y aller et vous faire une bonne querelle avec quelqu'un... une personnalité bien en vue... Vous saisissez le premier prétexte, pendant un entr'acte, et, vli! vlan!

L'AUTEUR.

Un soufflet?

L'ÉDITEUR.

Suivi d'un joli duel le lendemain; tout Paris en parlerait; mais vous n'avez pas l'entrain nécessaire.

L'AUTEUR.

Vous croyez cela. J'irai ce soir au Gymnase.

L'ÉDITEUR.

Vous n'aurez pas ce courage.

L'AUTEUR.

Et demain vous entendrez parler de moi!

L'ÉDITEUR.

Bon! une fois sur le terrain, vous êtes capable d'accepter des excuses.

L'AUTEUR.

Jamais.

L'ÉDITEUR.

Je parie qu'il n'y aura pas d'effusion de sang.

L'AUTEUR.

Si ! si ! parions mon billet de mille.

L'ÉDITEUR.

Votre billet de mille, c'est-à-dire le mien. Soit. Cinq cents francs d'abord, et cinq cents francs après...

L'AUTEUR.

L'accident. J'ai retenu le mot.

L'ÉDITEUR.

Venez me voir demain matin, de bonne heure. Je vous prêterai des épées de combat excellentes, deux vraies aiguilles à tricoter. Nous les aiguiserons ensemble.

SCENE III.

(Toujours même décor. Un an après. Le même auteur se fait annoncer auprès du même éditeur.)

L'ÉDITEUR.

Faites entrer.

L'AUTEUR ; il boite plus que jamais, et il a perdu un œil.

La littérature est un leurre.

L'ÉDITEUR.

Quel air sombre et sévère!

L'AUTEUR.

Joseph, je viens vous faire une proposition d'une haute gravité. J'ai besoin d'une somme importante.

L'ÉDITEUR, levant les yeux au ciel.

Allez toujours.

L'AUTEUR.

Mais rassurez-vous, ma fierté se révolte à l'idée d'un emprunt...

L'ÉDITEUR.

Ah! tant mieux!

L'AUTEUR.

Et mon intention est de vous vendre la propriété entière et absolue de mes *Scènes de la vie d'artiste*...

L'ÉDITEUR.

Oh!

L'AUTEUR.

Ainsi que de toutes mes œuvres, en général. Oui, mon ami, je vous apporte mon va-tout.

L'ÉDITEUR.

Je vous remercie infiniment, mais qu'est-ce que vous voulez que j'en fasse?

L'AUTEUR.

Comment! mes romans, mes voyages, mes portraits...

L'ÉDITEUR.

Tout cela est connu, mon cher, archi-connu.

L'AUTEUR.

Je l'espère bien.

L'ÉDITEUR.

Vous avez fatigué l'attention publique depuis un an.

L'AUTEUR.

Ah! par exemple, elle est forte celle-là!

Quoi! lorsque c'est vous-même qui m'avez poussé à toutes sortes d'excentricités qui m'avez envoyé me faire assommer dans la rue de Vaugirard et me faire crever un œil au bois de Vincennes, vous venez aujourd'hui me reprocher une réputation si désagréablement acquise?

L'ÉDITEUR.

Oui, mon cher, et ce n'est pas ma faute. Il y a depuis quelque temps dans la librairie un revirement qui me déconcerte moi-même. Le public ne se soucie plus des noms célèbres; il s'est épris des noms inconnus, des nouveaux venus, des jeunes. Nous sommes bien forcés de suivre ses goûts.

L'AUTEUR.

Ainsi, il ne me reste plus qu'à jeter mes œuvres complètes à la mer?

L'ÉDITEUR.

Je ne dis pas cela. Les lecteurs changent, les éditeurs restent. Et vous savez que chez moi l'éditeur est doublé d'un ami. — Combien voulez-vous de vos œuvres complètes?

L'AUTEUR.

Dame! mettons cela au plus bas, à vingt mille francs.

L'ÉDITEUR.

Hein?

L'AUTEUR.

Vingt mille francs. (On entend le bruit d'une lourde chute sur le plancher : c'est l'éditeur qui s'est laissé choir en cédant à une convulsion d'hilarité.)

L'ÉDITEUR.

Oh! la la!... non... laissez-moi un peu... Vingt mille!... Oh! grâce! grâce!

L'AUTEUR.

Adieu, Joseph.

L'ÉDITEUR.

Attendez donc. Êtes-vous rageur! C'est qu'aussi on ne fait pas de ces farces comme cela.

L'AUTEUR.

Des farces?

L'ÉDITEUR.

Eh! certainement! Avez-vous pu y songer de sang-froid?

L'AUTEUR.

J'accorde que mes œuvres ne valent pas cela de mon vivant, mais elles le vaudront peut-être après ma mort. Et je mourrai.

L'ÉDITEUR.

Vous mourrez, vous mourrez! je ne sais pas quand, moi. Vous paraissez encore très-solide. Si votre enterrement est chauffé par les journaux, il y aura une recrudescence de vente pendant huit jours; et ce sera tout.

L'ÉDITEUR.

Non, ce ne sera pas tout. J'ai trouvé un moyen de prolonger mon succès au delà des limites ordinaires.

L'ÉDITEUR.

Et ce moyen vaut vingt mille francs? Fantaisiste!

L'AUTEUR.

Il les vaut.

L'ÉDITEUR.

Ah! par exemple, je suis curieux de...

L'AUTEUR.

Écoutez, Joseph, je suis las de la vie. Je veux voyager pendant un an ou deux; et puis ensuite...

L'ÉDITEUR.

Arrêtez, je vous voir venir. Le suicide? Il n'y a rien de plus usé et de plus trivial.

L'AUTEUR, froidement.

Non, pas le suicide.

L'ÉDITEUR.

Ah!

L'AUTEUR.

Voyons, Joseph, vous êtes un homme sérieux et comprenant tout.

L'ÉDITEUR.

Eh bien?

L'AUTEUR.

Eh bien, si je vous promettais de finir mes jours sur l'échafaud?

LE TOAST

SONNET A L'ENVERS.

Pour vous fêter, ami, les verres sont tendus ;
Et nos joyeux propos, du dehors entendus,
Dans le jardin d'en bas font s'arrêter les groupes.

Jamais le grand salon des Frères Provençaux
N'a, sous son plafond d'or, vu plus gais commensaux.
Le rire en feu jaillit du fond glacé des coupes.

Ami, j'aime à vous voir au milieu des bouquets
Et des cristaux, heureux, à cette place même
Où le baron Taylor, ce forçat des banquets,
Présida si souvent, entre parfait et crème.

D'aimables orateurs vous ont porté leurs vœux :
Ils ont dit l'influence et la tâche rêvée ;
C'est au mieux. Moi pourtant, frivole esprit, je veux
Boire à notre jeunesse, une heure retrouvée !

L'HOMME QUI VA DINER EN VILLE

Je ne sais pas de plus beau spectacle au monde qu'un homme qui va dîner en ville.

J'entends un homme bien constitué, ayant passé l'âge où l'on se repaît seulement d'illusions.

L'homme qui va dîner en ville sort de chez lui vers cinq heures ; il n'est pas ennemi d'une promenade modérée ; il entreprendra volontiers un détour pour traverser le jardin des Tuileries. Un rayon de soleil, un brin de verdure, les rires des enfants, tout cela a une action sur l'appétit.

Il a fait un bout de toilette, cela va sans dire, car la gastronomie veut être honorée, et il n'y a pas de fête plus importante qu'un festin. Ses vêtements sont amples. Il n'a pas hésité à ceindre la cravate blanche, la cravate de batiste, dont le doux éclat s'harmonise si bien avec la neige de la nappe et l'argent du service, — mais la cravate molle, haute d'un travers de doigt, pas davantage.

L'homme qui va dîner en ville est reconnaissable à son allure égale et certaine, et bien différente de celle du flâneur. Il a le regard indulgent, et il offrirait volontiers des excuses aux personnes qui le heurtent. Je crois même qu'il éviterait d'avoir une *affaire* en ce moment. — Dame! écoutez donc!

De temps en temps, il s'arrête pour interroger son appétit. Peut-être n'a-t-il pas assez faim; peut-être ne s'est-il pas préparé suffisamment, pendant le jour, au grand acte de la soirée. Alors se dresse devant lui la question difficile des apéritifs. Aura-t-il recours au vermouth ou au madère? — Moi, je lui conseillerais de ne rien prendre du tout, d'attendre et d'espérer. En général, je ne crois pas que la faim s'achète; elle se conquiert, et surtout elle est une vocation.

Mais l'homme qui va dîner en ville n'a pas toujours ces inquiétudes. S'il reprend son chemin en souriant, s'il passe fréquemment sa langue sur ses lèvres, c'est qu'il se sent en goût comme un chanteur se sent en voix. Vous pouvez être tranquille ; il donnera son *ut dièze* d'estomac.

A mesure qu'il se rapproche du but, l'homme qui va dîner en ville ralentit le pas ; il double sa satisfaction en la retardant ; il crée dans son esprit le menu du repas qu'il va faire ; il l'augmente, il l'atténue ; il caresse du souvenir certains plats favoris et espère qu'il les retrouvera chez son hôte.

— Sa cuisinière avait un talent particulier pour le chaud-froid de vanneaux ! se rappelle-t-il.

Il se fait un plan de conduite, il se trace un programme sage ; il se promet, par exemple, de se comporter discrètement avec les hors-d'œuvre, de ne pas insister sur le poisson, de céder à demi aux entrées, de se ménager des ressources pour les entremets, de mouiller un peu son vin au début.

— Pourvu qu'il lui reste encore quelques bouteilles de son Château-Yquem ! murmure-t-il.

Et les battements de son cœur redoublent lorsqu'il se trouve enfin devant la porte. S'il allait se heurter à un contre-ordre ? Il frissonne à cette idée. Mais il se rassure en sentant, du bas de l'escalier, d'exquises odeurs arriver jusqu'à lui. Il monte, il parvient à l'étage indiqué ; il donne, une dernière fois, *du jeu* à la boucle de son pantalon. Sa main a touché le cordon de la sonnette. Une porte s'ouvre pleine de chauds parfums.

— Ah ! vous voilà, monsieur ! s'écrie une bonne ; on n'attend plus que vous pour se mettre à table.

— Vraiment, Catherine ?

Elle l'aide à se débarrasser de son paletot. L'homme qui va dîner en ville est arrivé.

UNE CHANSONNETTE

DES RUES ET DES BOIS

I

Réveillons l'églogue antique ;
Pinçons la taille à Fanchon.
Vive la *Marion rustique* !
Vive l'usine Tronchon !

Tout genre m'est abordable ;
Changeons de note à présent :
Assez je fus formidable ;
Je veux être séduisant.

Je veux m'enfuir vers les saules
Et, penseur à l'abandon,

Tenir des propos très-drôles
Aux laveuses de Meudon ;

Pour qu'on dise à la montagne,
Pour qu'on dise aux prés itou :
Celui qui bat la campagne,
C'est Olympio-Pitou !

II

Sous la tonnelle parée
De rayons et de parfums,
J'accommode une purée
De noms propres et communs ;

Et ma muse, qui s'essaye
A l'école du buisson,
Exproprie Arsène Houssaye
De ses nappes de cresson.

A moi le thym et le hêtre !
A moi la cime et le val !
Dieu, c'est un garde champêtre,
Agent du maire idéal.

Pour casque, il a la feuillée ;
Pour sabre nu, le soleil ;
Et sa plaque fut taillée
En plein firmament vermeil.

Soyons bon, quoique sublime,
Familier et tolérant.
Babillons avec l'abîme ;
Disons : « Mon vieux ! » au torrent.

Confondons l'aire et la mare,
Et mêlons, — douce leçon !
La Genèse au *Tintamarre*,
Homéros à Commerson.

Soyons même un brin canaille ;
Parlons l'argot de Pantin ;
Allons chercher Lafouraille ;
Qu'on amène Corentin.

Au bouchon, où j'aventure
Mon oreille auprès du feu,
Sachons ce que la friture
Fredonne au petit vin bleu !

III

Qu'on l'appelle Cydalise,
Antiope, Élisabeth,
Suzon, Violante, Lise,
Toinon, Toinette ou Babet ;

C'est toujours la même femme,
Charmant problème attifé ;
C'est la même grande dame,
Et le même chien coiffé.

Pour moi, je les aime toutes,
Qu'elles vivent sous un dais,
Ou que sur les grandes routes
Elles guident les baudets.

Collier divin que j'égrène,
En ce temps de renouveau ;
Celle-ci dit : — Ma migraine !
Celle-là dit : — Notre veau !

Béranger a des Lisettes
Pouvant servir encor bien,
En arrangeant leurs risettes
Au style néo-païen.

Ma chansonnette lascive
Ne demande qu'à voler,
Et même un peu de lessive
Ne me fait pas reculer.

Ça me change, moi le mage
Et le prophète effaré,
De voir Colinette en nage
M'apostropher dans un pré,

Et, flamboyante carogne,
Fourche en main, crier, oui-dà :
— Ça va cesser, où je cogne !
A-t-on vu cet enflé-là !

IV

C'est convenu. L'on s'en lasse.
On n'en veut plus. Ici gît.
Soit. C'est dommage. Tout passe,
D'Arlincourt et Marchangy.

Soyons simples. Adieu, fête.
Me voici; flûte ; adieu, cor.
Je suis brise ; adieu, tempête.
Je suis......Allons, bon ; encor !

O l'antithèse tenace !
Le procédé forcené !
O trope, à ta double face
Que je suis acoquiné !

Je suis le doigt ; toi, l'écorce.
Je suis poisson ; toi, filet.
Qui vaut mieux, du tour de force
Ou du tour de gobelet ?

Vous aimez Blois ; moi Dunkerque.
Votre goût dit foin au mien.
Parmentier vaut Albuquerque ;
Sapristi vaut Nom d'un chien !

La canne sied au podagre,
Le zéphyr sied au roseau ;
Tout critique est un onagre,
Tout poëte est un oiseau.

Ainsi babille ma muse ;
Tout est de se mettre en train.
Je peux, si ça vous amuse,
Aller jusques à demain.

Myosotis et Pivoine !
Spartacus et Trou-Bonbon !
Saint-Vincent et Papavoine !
Aurore et brume......Ah ! c'est bon !

V

Parfois il me semble entendre
Des bourdonnements lointains :
Je me penche et crois comprendre
Qu'il s'agit de mes refrains.

On me discute, on m'affirme ;
Paris d'articles est plein.
Un journal dit : — Quel infirme !
Un autre dit : — Quel malin !

Moi, je souris. Laissez dire.
Dieu, dont l'arrêt est sacré,
De moi fit un homme-lyre :
Le vent soufflait, j'ai vibré.

Non, ce ne sont pas chimères
Les vers que je vais sonnant ;
J'en appelle à vous, ô mères :
Vous savez *le Revenant !*

O place Royale ! ô place !
Souvenirs non décriés !
Jeunes gens, c'est moi qui passe ;
Cachez vos noirs encriers.

Jeunes gens, je suis le maître.
Si l'un de vous raille ici,
Je lui pardonne. Peut-être
Est-ce un peu ma faute aussi ;

Car, dans ce livre délire,
Qu'il fallait vous dédier,
Tel à qui j'appris à lire
Apprend à parodier.....

UN TOURISTE

Il rencontre un de ses amis devant le nouvel Opéra.

— Tu sais, dit-il, je te fais mes adieux.

— Ah !

— Oui, je pars dans quelques jours. Paris est inhabitable en ce moment. Je ne comprends même pas que toi, un des nôtres, tu consentes encore à te produire sur ce macadam impossible.

L'ami baisse la tête et s'en va d'un air un peu humilié.

Quant à Gontran (on ne saurait évaluer le nombre de gens qui, depuis la fondation de la *Vie parisienne*, tiennent à s'appeler Gontran) il poursuit triomphalement son chemin, annonçant la nouvelle à tous ses *chers bons*.

Un d'eux, le petit Sixte, se montre plus curieux que les autres.

— Où vas-tu? demande-t-il à Gontran.

— Je ne suis pas encore fixé, répond celui-ci.

— Les villes d'eaux?

— Peuh! cela est bien banal. Je rêve l'Italie.

Le petit Sixte, qui veut le faire poser, dit avec un grand sérieux :

— On prétend que c'est un pays très-joli.

— Je te crois, réplique ironiquement Gontran.

— Et qui a la forme d'une botte...

Gontran le regarde de travers, et le quitte.

Il en a pour une quinzaine à faire vacarme de son départ, à prendre des commissions, à modifier son itinéraire.

Au bout de ce temps, ses amis, fatigués de ce thème, commencent à s'étonner.

— Tiens! tu n'es pas encore parti?

— Quand pars-tu donc?

— Est-ce que tu ne pars plus?

Gontran comprend qu'il n'y a plus à reculer

— C'est pour demain, dit-il un beau soir à son intime Guy de Rhétéuil.

— Ah! enfin!

— Tu me permettras, toi qui es le plus intelligent d'entre eux, de t'adresser de temps en temps mes impressions de voyage.

— Comment donc ! tu me feras un énorme plaisir.

— Je te laisse libre d'en communiquer quelques extraits à nos camarades du cercle, ajouta Gontran.

— Sois tranquille. Veux-tu que j'aille t'accompagner demain au chemin de fer ?

— Merci ; ce n'en est pas la peine.

Ce n'en aurait pas été la peine en effet, car, le lendemain, à la faveur des ombres de la nuit, Gontran, muni d'un modeste bagage, se dirigeait mystérieusement, en voiture de place, non pas vers le chemin de fer, mais vers le quartier retiré du Gros-Caillou.

Là, il louait une chambre à cinquante francs par mois, dans la rue de la Comète, une rue où l'on a toutes les raisons de se croire à l'abri des indiscrétions du Paris élégant.

Il s'y installait héroïquement pour toute la saison d'été, s'enquérait d'une vieille femme pour son ménage, et achetait « tout ce qu'il faut pour écrire ».

Huit jours après, Guy de Rhéteuil recevait de Gontran une lettre dont voici quelques extraits :

A. M. G. de Rhéteuil, propriétaire, en son hôtel, rue de la Tour-des-Dames, à Paris.

« A bord du *Général Garibaldi*, le 14 mai.
» Que c'est beau, la mer! comme on respire librement en face de cette immensité! A! mon cher Guy, que je te plains d'être resté cloué à cet infect Paris! Puisque tu veux absolument que je t'écrive mes aventures et mes sensations, figure-toi que je me suis embarqué à Marseille sur le *Général Garibaldi*, un vapeur en partance pour Gênes, Civita-Vecchia et Naples. Tu connais mon caractère liant : j'ai tout de suite fait connaissance avec le capitaine en lui offrant des cigares du cercle. C'est un homme charmant que ce capitaine Pamphile!
» Nous avons eu un peu de roulis à la sortie du port. — Ignoble, le mal de mer! — Heureusement que cela n'a pas duré. A la hauteur de Saint-Raphaël, grâce à la lunette d'approche du capitaine, j'ai aperçu Alphonse Karr, l'immortel auteur d'*Indiana;* il se baignait avec M. d'Ennery.
» Je ne t'ai point encore entretenu des passagers du *Général Garibaldi*. Des Anglais! rien que des Anglais! Mais parmi ces Anglais, il y a une Anglaise. Ravissante tout simple-

ment, la petite Anglaise, avec ses cascades de cheveux blonds. Elle me regarde fréquemment à la dérobée, et moi... Chut! il ne faut pas tout raconter le premier jour.

» Sur ce, mon cher Guy, j'abandonne la plume et je remonte sur le pont, pour aller admirer les lignes fuyantes de la Corse qu'on signale dans le bleu de l'horizon.

» A toi de cœur,

» Gontran.

» *P.-S.* Tu recevras cette lettre, comme toutes celles qui suivront, par l'entremise d'un tiers, que je charge de mes petites affaires à Paris. »

Quatre jours ensuite, nouvelle épître de Gontran. Du même au même :

« *Gênes, hôtel Feder:*

» Non, tiens, attache-moi, je n'en peux plus, je suis plein d'admiration, je vais crier. Splendide, mon cher, écrasant! On n'a pas idée de cela. Gênes est une ville qui ne ressemble à aucune autre ville. Un golfe, ah! quel golfe! Du marbre partout, trop de marbre!

» On attribue la fondation de Gênes aux Ligures, vers sept cents ans avant Jésus-Christ. Plus tard, les Romains l'incorporèrent à la Gaule cisalpine. Après la chute de l'Empire romain, elle fut pillée et possédée par différents peuples barbares, jusqu'au moment où elle se soumit à Charlemagne. Au commencement du x⁰ siècle, Gênes se déclara indépendante et fut administrée par des consuls aidés d'un Sénat ; le peuple, assemblé sur la place publique, prenait part à l'administration. En 1379, les Génois et les Vénitiens, qui se partageaient l'empire des mers, se firent une guerre acharnée et s'épuisèrent mutuellement...... »

(Peut-être n'est-il pas inutile d'ouvrir ici une parenthèse, et de dire que Gontran, avant de partir pour... le Gros-Caillou, avait fait emplette d'un Guide Joanne.)

«... J'ai retrouvé à Gênes ma petite Anglaise du bateau à vapeur. Elle loge précisément dans le même hôtel que moi, avec un oncle aux favoris de braise et deux cousines aux dents en saillie. J'ai su qu'elle appartenait à une des familles les plus riches de Cambridge.

» Le lendemain de mon arrivée, j'ai commencé les hostilités ; c'est surtout en amour que je ne peux supporter le temps perdu ! Une femme de chambre généreusement soudoyée s'est chargée de remettre à miss Arabella (c'est son nom) un billet chassepot dont j'attends les plus triomphants effets. A demain les détails!

» Serre pour moi la main à Raoul, à Gaston, à Jacques, à Calixte, à René.

» Ton Gontran. »

Lorsque Gontran écrivait cela, il venait de dicter son linge à une jeune blanchisseuse, qui orthographiait ainsi le mot *chaussettes* :

— Cho-7.

Les lettres à Guy de Rhéteuil se succédèrent ainsi pendant près de trois mois. Un déluge de pindarisme! Les aventures les plus merveilleuses! Des rencontres inouïes! des fêtes, des parties en corricolo et en gondole.

La dernière lettre était datée du Vésuve, à mi-cratère.

Trois mois après, aux courses du bois de Boulogne, un homme se jetait au cou d'un autre homme.

— Guy!

— Gontran!

— De retour?

— Tu vois!

— Quelle mine superbe! je t'en fais mes compliments, dit Guy de Rhéteuil.

— Envoie tes compliments au soleil de Naples, à la brise de Sorrente, aux...

— Oui, oui, je sais...

— Tu as reçu mes lettres ? demande avidement Gontran.

— Parfaitement.

— Elles t'ont intéressé ?

— Elles m'ont... étonné.

Guy de Rhéteuil, en parlant ainsi, laissait lire quelque chose de soucieux sur son visage.

Il dit à Gontran :

— Ainsi, tu es content de ton voyage ?

— Peux-tu le demander ! Ravi, transporté.

— Dans ce cas, tu devrais bien me payer ton dernier mois de location de la chambre de la rue de la Comète. Que veux-tu ? mon cher Gontran, on n'a que ses petits immeubles pour vivre. Je suis ton propriétaire.

CONTE DE CARNAVAL

« Mignonne, allons voir si les huîtres
Sont ouvertes au restaurant.
A ton amour j'ai quelques titres ;
Fixe ce soir mon cœur errant.
Il n'est genre de sacrifices
Que je n'accomplisse aussitôt ;
J'irai jusques aux écrevisses,
Je pousserai jusqu'au clicquot ! »

C'est un Pierrot couleur de neige
Qui, dans ce style plein de feu,
Sur l'escalier d'un bal assiége
Une Écossaise au noir cheveu.

Après un bout de résistance,
— Juste ce qu'on doit à qui plaît, —
La belle, abrégeant la distance,
Lui dit : « Rattachez donc mon plaid ! »

Les voici tous deux tête-à-tête
Dans un cabinet, chez Verdier.
Le Pierrot, fier de sa conquête,
Déjà se sent irradier.
Sur la nappe aux effluves blanches
Il se couche, souple et fluet,
Et son bras dans ses longues manches
Exécute le moulinet.

Bientôt les plats aux plats succèdent ;
Lesquels, je ne sais ; les meilleurs !
Où sont les vertus qui ne cèdent
Devant la truffe et les primeurs ?
Le Pierrot avait le vin tendre ;
Il veut se jeter à genoux.
Mais l'Écossaise, sans l'entendre,
Demande : « — Quel âge avez-vous ? »

« — Que t'importe, reine des brunes,
Pourquoi me railler, farfadet ?
J'ai vingt-deux ans, viennent les prunes,
Les prunes d'Alphonse Daudet.

Laisse-là tes mines hautaines,
Et viens, papillon voltigeant,
Jusqu'au jour noyer tes antennes
Dans le champagne tapageant !

» Buvons ! à toi, fille d'Écosse !
Vierge rayée, à tes appas !
Cesse de me trouver précoce,
Héritière des Mac'Douglas !
C'est toi que mon œil dans ses rêves
Cherchait du haut des belvéders,
Dame du lac ou fée aux grèves,
Descendante des highlanders ! »

Et c'étaient des chants et des rires,
Des grimaces, des bonds de faon,
Des *Hé, Lambert!* mille délires ;
Il était bien gai, cet enfant.
« Aimons-nous, hurlait-il, moqueuse !
Je l'ai juré, tu m'aimeras ! »
L'Écossaise, silencieuse,
Buvait, et ne répondait pas.

Le champagne, ardente marée,
Montait toujours (style Ambigu) ;
Et déjà sa vague dorée
Roulait le Pierrot éperdu.

« Encore un verre! à toi mauvaise! »
Soudain, comme par un ressort,
Il retomba lourd sur sa chaise.
Le Pierrot était ivre-mort.

« T'aimer? cervelle extravagante! »
Longtemps rêveuse elle resta.
Puis, sa main fine qu'elle gante
Vers la sonnette se porta,
« Six heures! il faut que je parte!
Couchez monsieur sur le divan;
Cherchez sous sa veste une carte;
Ramenez-le chez sa maman. »

EN CROQUANT DES BONBONS

PARTIE HISTORIQUE. — IGNORANCE DE L'AUTEUR. — LES COUVENTS-LABORATOIRES. — M. DE FÉNELON.

L'inventeur des bonbons? — Je ne le connais pas, je l'avoue en rougissant. Je laisserai donc en blanc le nom de cet inventeur, qui doit être une femme, ou je serais bien trompé. Il est de ces créations, en effet, qui ne peuvent émaner que d'un cerveau ou d'un palais féminin. Telles sont les confitures, les mitaines et les bonbons.

L'opinion unanime est que les ordres religieux ont énormément contribué à l'essor de la confiserie. Les premiers citrons confits sont liés à la mémoire des nonnes. Plus tard, un prélat très-*autorisé* (un mot à la mode), Fénelon lui-même, s'est étendu avec une complaisance marquée sur cette branche importante de la friandise, dans son chapitre des *Iles Fortunées*, où il représente des ruisseaux de liqueurs coulant à travers des vallons de frangipane.

Date précieuse, presque solennelle!

II

L'ANCIEN BONBON. — LA RUE DES LOMBARDS. — UN SONGE. — LE BONBON DE CIRCONSTANCE. — LE BONBON AUX GRANDS HOMMES.

On avait oublié l'article *Paris* dans l'*Encyclopédie*. Dans une étude sur les bonbons, je mets au défi d'oublier la rue des Lombards. « Il n'est pas un enfant, dit Grimod de la Reynière, qui ne suce ses lèvres au seul nom de cette rue fameuse, le chef-lieu sucré de l univers ! » La rue des Lombards doit être regardée comme le berceau de la confiserie ; bien qu'elle ait considérablement perdu aujourd'hui de son prestige et de son action, elle est encore toute pleine du souvenir du *Fidèle Berger,* — comme la Martinique est pleine du grand nom de madame Amphoux. La fondation du *Fidèle Berger* remonte au commencement du xviiie siècle ; des maisons rivales se groupèrent successivement autour d'elle : le *Grand Monarque,* les *Vieux amis,* la *Renommée de France,* la *Pomme d'Or.* Tous les seigneurs de la cour de Louis XV, le maréchal de Richelieu en tête, avaient dans leur poche une *boëte* à pralines, — qui était le pendant de la classique tabatière.

Une des belles périodes de la confiserie, ce fut la Restauration. Les étalages de la rue des Lombards luttèrent alors de décorations pompeuses et compliquées. On y vit, figurés en sucre, la prise de Grenade et le siége de Gibraltar. M. Duval exposa l'intéressant tableau de la fête de l'agriculture à Pékin, — où l'empereur de la Chine était représenté en pâte glacée, ouvrant lui-même un sillon au milieu de toute sa cour.

Le hasard a fait tomber sous ma main un petit volume de cette époque, intitulé : *le Ta-*

bleau du premier jour de l'an ou *Je vous la souhaite bonne et heureuse,* ouvrage assez rare, publié « à l'Ile des bonbons, chez Friandet, marchand de caramels. » J'y trouve des détails assez curieux sur les bonbons du temps et sur les noms prétentieux et significatifs dont on les affublait. L'auteur anonyme raconte un songe qu'il a fait la nuit de la Saint-Sylvestre, et dans lequel il a vu se dresser devant lui le *premier de l'an* sous les traits d'un homme en sucre.

« Un grand et vieux fantôme d'un air assez niais, dit-il, m'apparut, monté sur un char brillant de caramels, attelé de quatre chevaux en stuc, dont les rênes et les mors étaient de miel de Narbonne durci. Sa barbe, longue et blanche comme des dragées de baptême, annonçait son grand âge ; sa tête était ceinte d'une couronne de diablotins ; il avait des cornets de bonbons aux oreilles ; le sceptre qu'il tenait dans la main était de chocolat à la vanille.....

» Un temple, érigé sur de légers bâtons de sucre d'orge, se voyait en perspective dans ce songe ; le sable semé devant le péristyle, ainsi que le terrain même, étaient d'une belle cassonnade blanche ; et les liqueurs que faisaient jaillir deux fontaines en marmelade d'abricots étaient du sirop de punch et d'ananas. Deux cornes d'abondance soutenues par deux génies ailés répandaient avec profusion des bonbons *à la Marie-Thérèse*, des pistaches *à la duchesse d'Angoulême*, des sucres de pomme *à l'Héroïne de Bordeaux*, des adoucissants *à la Louis XVIII*, des cornets ambrés *à la Paix*, du sucre d'olive *à la Pie voleuse*, des croquignoles *au Retour des lis*, des fondants *à la Jocrisse-chef de brigands*, des vaisseaux de gelée de prune *à la Jean-Bart*, de la pâte de guimauve *à la Russe*, des pêches glacées *à l'ours Martin* et *au cerf Coco*, des pilules pectorales *à la ci-devant Jeune Homme*, etc., etc. »

Que dites-vous du vaisseau *en gelée de prune?*

— Horrible, n'est-ce pas?

C'était le temps du bonbon politique ; on y a heureusement renoncé. C'était aussi le temps du bonbon aux *grands-hommes*. Les *temples* appelaient les statues. Le même auteur dit : « Là, Voltaire, tout piquant qu'il était pendant le cours de sa vie, est en sucre de première qualité ; Fréron, son antagoniste, figure à côté de lui en biscuit de Savoie. Sur un piédestal de pralines, Turenne tient dans sa main une épée de pain d'épice et meurt frappé d'un boulet de sucre candi ; le grand Henri fait son entrée solennelle dans la capitale ; et tous les petits personnages de cette scène, les yeux et les mains tendus vers le plus aimable des souverains, sont *d'une pâte excellente.* » Le mot y est !

III

LES DEVISES. — LE BONBON NAÏF. — LE BONBON COMIQUE. — LE BONBON DU PAUVRE. — LE BONBON MYSTIFICATEUR.

Et les devises de cette époque ! Comme elles étaient bien en harmonie avec la confiserie ! Quels tours précieux ! Quel pillage dans les champs mythologiques ! Mon Hébé ! ma Flore ! ma Chloris ! Des conseils pour toujours aimer ! des recettes infaillibles contre l'inconstance ! Quelquefois aussi l'épigramme, mais dirigée contre les époux seulement, — car les amants sont sacrés devant la devise !

> Une femme jeune et jolie
> Bâillait près d'un mari laid, cacochyme et vieux.
> « — Je suis pour vous, madame, un objet ennuyeux !
> « — Non pas; mais, en vertu du saint nœud qui nous lie,
> Nous ne faisons qu'un tous les deux,
> Et quand on est seul on s'ennuie. »

Je sais pertinemment qu'il existe une conspiration contre la devise; des confiseurs, égarés par de fausses idées de distinction, voudraient l'anéantir. Ils ont déjà essayé de la remplacer par des portraits photographiés. Que ces négociants y prennent garde! ils se briseront dans cette lutte. La devise est éternelle; demandez plutôt aux amoureux.

Dans la classe des anciens bonbons, il convient de ranger les bonbons naïfs, qui amènent naturellement le sous-genre des bonbons comiques. Au premier rang brille le hanneton en chocolat, — une idée de génie, et dont l'inventeur est resté inconnu! Le cigare en chocolat, avec un papier de feu à l'une de ses extrémités, n'est pas non plus sans mérite. Le rouleau de pièces d'or a bien son charme. Viennent ensuite les imitations de légumes et de fleurs, l'asperge à la tête verdâtre, le radis teinté de rose, la cerise reluisante. Ici, nous arrivons insensiblement au bonbon du pauvre, à la pipe en sucre, — bonbon touchant, qui évoque l'image des petits enfants des faubourgs, aux regards avides, aux mains tendues, aux cheveux brouillés, chérubins du ruisseau !

Derrière le bonbon comique, je n'aperçois plus que le bonbon mystificateur ; mais cette espèce doit avoir disparu. Imaginez des dragées au chicotin, des diablotins au jalap, des pralines de manne, des fruits confits pleins de filasse, des sacs remplis de souris, et autres gentillesses tout au plus dignes d'un Roquelaure de sous-préfecture. Je le répète, le bonbon mystificateur est mort.

IV

LE NOUVEAU BONBON. — SYMPHONIE DE LA DÉGUSTATION.

Gloire au bonbon moderne ! Il est fin, élégant, net, — un peu fier, mais il n'y a pas de mal à cela, — point trop monté en couleurs, moins brun que blond, la couleur féminine, la nuance fugitive; violet, paille, rose-thé, bleuâtre. *Il se tient*, comme on dit, en un certain style artistique. Le bonbon moderne veut être toujours prêt à paraître sur les plus belles lèvres du monde ; il ne redoute pas l'improviste, il va même au devant, dignement, tiré à quatre essences, manquant peut-être un peu d'abandon, — bonbon gentleman plutôt que bonbon gentilhomme, — mais délicieux au fond, et suave, et onctueux, et béchique, et supérieur.

Le bonbon moderne sait qu'il est *travaillé*

par des artistes réfléchis, tourmentés de l'amour du beau, du vrai et du bien, par des Boissier, des Siraudin (Reinhart), des Marquis. Il n'admet dans sa composition que des sucres extraordinaires, que des parfums d'une foudroyante virginité. Aussi, que de sensations diverses, complexes, dans les bonbons d'aujourd'hui ! Vous placez une petite boule verte entre les dents, en vous attendant à quelque résistance ; ô miracle ! vous avez aussitôt la bouche inondée par une marée de délices. Au contraire, une amande s'offre à vos regards, mollement entr'ouverte ; vous croyez qu'il n'y a qu'à la poser sur votre langue pour la sentir s'évanouir en une pamoison vanillée ou orangée ; erreur ! elle appelle la lutte, elle veut être broyée, concassée ! Ravissante déception ! Agacement de l'imprévu ! Tout est surprise dans le bonbon d'aujourd'hui, féerie, métamorphose ! Quel musicien, ivre d'angélique, écrira la symphonie de la dégustation ? Mais où m'entraîne mon délire à la fleur d'orange ? Un compositeur, si sublime qu'il soit, ne pourra jamais donner aux notes le goût du citron, de la fraise ou de la framboise ! Quel dommage ! Il est donc des rêves qu'on ne saurait à aucun prix réaliser !

Les bonbons ont eu leurs victimes. Une des

plus fameuses est cet aimable perroquet de Nevers dont Gresset a raconté la pieuse éducation chez les Visitandines, ce Ver-Vert qui, repentant et rentré en grâce, mourut d'une indigestion exquise.

> Rien n'annonçait de prochaines douleurs;
> Mais de nos sœurs ô largesse indiscrète !
> Du sein des maux d'une longue diète
> Passant trop tôt dans des flots de douceurs,
> Bourré de sucre et brûlé de liqueurs,
> Vert-Vert, tombant sur un tas de dragées,
> En noirs cyprès vit ses roses changées.

Puisque la nature a assigné un terme à notre existence, pourquoi ne souhaiterais-je pas un trépas semblable à mes lecteurs et à mes lectrices ?

LA CHANSON

DU PETIT JOURNALISTE

Eh bien ! soit, une chanson !
La plus folle, rime et son ;
La plus vieille, une goguette ;
    Turlurette,
  Ma tanturlurette !

Dans les fureurs et les cris
De l'orchestre de Paris,
Tinte un timbre de clochette ;
    Turlurette,
  Ma tanturlurette !

C'est mon rire, il est partout ;
Éclair, grimace surtout !

Vent qui passe et qui soufflette ;
 Turlurette,
 Ma tanturlurette !

Dieu d'un soir, roi d'un matin,
Dans le journal, au festin,
Ma renommée est complète ;
 Turlurette,
 Ma tanturlurette !

Mon œil blesse et resplendit ;
Je suis gai, chacun le dit ;
J'ai besoin qu'on le répète ;
 Turlurette,
 Ma tanturlurette !

Mais, sur la table accoudé,
L'enfant, un soir attardé,
Trouva sa lyre muette ;
 Turlurette,
 Ma tanturlurette !

Il n'est plus temps aujourd'hui !
Noble but, espoir enfui,
Il n'est rien qui vous rachète ;
 Turlurette,
 Ma tanturlurette !

Sous la vigne, ardent pourpris,
Cachez bien mes cheveux gris......
Mais nul ne s'en inquiète ;
    Turlurette,
  Ma tanturlurette !

Comédien près de finir,
Je connais mon avenir.
Allons, versez ! qu'on répète,
    Turlurette,
  Ma tanturlurette !

Je mourrai je ne sais où,
Dans un coin, peut-être fou,
Sans quelqu'un qui me regrette ;
    Turlurette,
  Ma tanturlurette !

Point de frais pour qui part seul ;
Je ne veux d'autre linceul
Qu'un vieux lambeau de gazette ;
    Turlurette,
  Ma tanturlurette !

MON VIN

Non, non, — les vanités les plus hyperboliques, voire celle des comédiens, ne vont pas à la cheville de la vanité du propriétaire de vin. Croyez-m'en.

L'homme de Gavarni qui dit : « Mon mur ! » n'est rien auprès de celui qui dit : « Mon vin ! »

J'en connais un entre autres, entre cent autres. Il possède un très-joli cru dans le Bordelais, à mi-coteau, sol caillouteux, compris dans les troisièmes classes. — Quant à lui, c'est un brave homme, de la grande et estimable famille des hommes ordinaires. Il n'a jamais rien inventé, et il met une sorte de terreur mystérieuse éviter de chasser sur les domaines de Rivarol et d'Edmond About.

Eh bien ! cet homme, ce propriétaire, s'élève aux sommets les plus élevés du lyrisme, lorsqu'il est amené à parler de son vin.

— Goûtez-moi cela ! dit-il, en attachant sur moi la vrille flamboyante de son regard ; pas si vite… là… reprenez-vous-y… lentement. Hein ? hein ?

— Oui, fais-je approbativement.

— Oui, quoi ?

— Excellent.

— Pas possible ! réplique-t-il d'un ton railleur et en imitant mon accent ; allons, vous y apportez de la politesse. Vraiment, vous le trouvez… excellent ? Est-ce bien certain, au moins ? Il ne faut pas cacher votre pensée avec moi. Vous en buvez souvent du meilleur, n'est-il pas vrai ?… Excellent ! voilà tout ce que ce vin vous inspire, pas autre chose. Ingrat ! barbare !

Et il m'arrache le verre des mains ; il le lève, il le remue, il le fait briller à la lumière ; il le maintient respectueusement entre ses yeux et sa bouche.

— Quelle couleur ! s'écrie-t-il ; quelle richesse ! quelle feu ! quelle étoffe ! quelle robe ! quelle chair ! quel fruit ! quel corps ! quelle séve ! quel ton ! quel arome ! quel velouté ! quel moelleux ! quel montant ! quel nerf ! Et dire que cela n'a que trois ans de fût !

Enfin il se décide à l'approcher de ses lèvres.

— Comme c'est entrant ! murmure-t-il.

Une fois le vin dans la bouche, avec la langue il le fait jaillir, il le divise, il en tapisse les parois de son palais ; il *s'écoute* déguster.

Surtout il ne tolère aucune objection, aucune.

Que si je me hasarde à dire, — car enfin il faut bien dire quelque chose :

— Il me semble... que son bouquet est... un peu... un peu faible.

— Faible! faible!! faible!!! Vous n'êtes pas dans votre bon sens, mon cher. Faible, ce bouquet-là ! un bouquet qui se sent d'ici à vingt pas ! Voyons, c'est une plaisanterie ; vous voulez rire. Ce bouquet faible ! Mais vous n'en trouverez nulle part un pareil, entendez-vous, quand même vous voudriez le payer avec des tonnes d'or ! des tonnes d'or ! Ah ! vous pourrez peut-être rencontrer un vin aussi coloré, je ne dis pas... et encore ! Un vin aussi corsé... et encore ! Mais, ce bouquet-là, je vous en défie ! Faible ! S'il a quelque chose contre lui, c'est qu'il est trop fort, oui, trop fort !

J'incline la tête, dans ce cas.

Un des aphorismes familiers au propriétaire de vin est celui-ci :

— Vous pouvez en boire jusqu'à demain sans vous faire de mal.

J'en suis fâché pour le propriétaire, mais il ment effrontément. Je suis d'autant plus fondé à lui envoyer ce démenti, qu'une ou deux fois dans ma vie j'ai eu la naïveté de me prêter à cette expérimentation.

Et j'ai acquis la conviction que *le vin dont on peut boire jusqu'à demain sans se faire de mal* n'existe pas.

Ah! s'il existait!

MUEZZIN

1

Ce matin, penché, seul à ma fenêtre,
L'ombre autour de moi pleine de rumeurs,
Triste, j'attendais le jour à paraître,
L'œil vers l'orient aux roses lueurs..

La nuit s'enfuyait, honteuse et surprise ;
Le ciel éteignait ses pâles regards ;
Et, des noirs buissons qu'agitait la brise,
Pensif, j'écoutais les souffles épars.

Mais quand je sentis, ployé sous l'extase,
De lumière et d'or mon front inondé,

Tandis que, partout, comme l'eau d'un vase,
Le jour ruisselait du ciel débordé ;

Quand les peupliers et quand la prairie
Avec le ruisseau chantèrent en chœur,
Quand je vis briller les fils-de-Marie,
Je sentis la paix monter à mon cœur.

Mille oiseaux jasaient, je me sentais vivre ;
D'un chaste bonheur mon cœur se berçait ;
Et c'était pour moi, qui d'un rien m'enivre,
Comme un frais bonjour que Dieu m'adressait.

II

Et voyant ainsi le ciel me sourire,
Pour que votre esprit ne fût pas jaloux,
A mon tour aussi j'ai voulu vous dire
Que le ciel s'était levé bleu sur vous.

Car peut-être alors, belle paresseuse,
Les volets fermés à l'éclat des cieux,
Vous pensiez — souvent l'aurore est berceuse
A tout ce qui fait le front soucieux.

Vous pensiez aux jours de courte durée,
Qui laissent en nous si longs souvenirs,

A l'espoir qui passe en robe dorée,
Haillons rattachés avec des saphirs !

Vous pensiez sans doute à tout ce qu'emporte
L'ombre qui décroît, voile replié,
Au rayon qui vient quand la fleur est morte,
Au malheur qui fuit sans être oublié.

Vous pensiez, tendant l'oreille aux mensonges
Qu'à votre chevet souffle le sommeil,
Qu'il valait bien mieux poursuivre des songes,
Que de tant hâter l'heure du réveil ;

Que, peut-être, hélas ! le jour qui va luire
Sera triste et noir et plein de courroux ;
Et voilà pourquoi j'ai voulu vous dire
Que le ciel s'était levé bleu sur vous.

LE DUEL AU DINER

I

On arriva sur le terrain.

C'était une salle à manger, lambrissée de chêne et tendue de cuir, brillamment éclairée, haute, gaie et superbe.

La table était servie avec une exagération d'abondance ; mais on n'y voyait que deux couverts, les couverts des deux adversaires.

Des motifs de convenance m'obligent à ne désigner ces deux adversaires que sous les noms transparents d'Ernest et du comte Falbaire.

Je vous les donne d'ailleurs pour deux gentilshommes accomplis, tous les deux dans la force de l'âge, braves, élégants, spirituels, — avec cette pointe d'originalité britannique qui assaisonne si bien le caractère français.

Pourtant, la veille, au Cercle, un de ces deux hommes (je ne dirai pas lequel) avait gravement offensé l'autre, — si gravement qu'un duel avait été jugé indispensable.

Également forts à l'épée et au pistolet, ils dédaignèrent d'employer les armes ordinaires.

Gourmands l'un et l'autre, — dans l'acception la plus héroïque et la plus recherchée du mot, — Ernest et le comte Falbaire convinrent de se battre *au dîner*.

Pour être inusité, ce duel n'en devait pas moins être sérieux et redoutable. Les conditions en furent scrupuleusement réglées par les témoins.

On mangerait à outrance, l'un devant l'autre, sans interruption, et jusqu'à ce qu'un des combattants fût hors de combat.

Au premier aspect, cela peut faire sourire ; — au second, cela devient horrible.

II

— Allez, messieurs! dirent les témoins.

A ce signal, les deux adversaires s'assirent, après avoir échangé un salut.

Les témoins avaient pris place à une table à côté, d'où ils pouvaient surveiller toutes les péripéties du combat.

Il était six heures du soir.

A minuit, le dîner, — qui se composait de trois services exorbitants et exquis — était terminé, sans qu'il y eût un avantage marqué d'aucune part.

Ernest souriait.

Le comte Falbaire avait dîné ; voilà tout.

Les témoins firent un signe au maître d'hôtel.

— Rechargez! dirent-ils.

Immédiatement un deuxième dîner fût servi, absolument pareil au premier. Mêmes grosses pièces, mêmes grands vins. Cette fois l'attitude sévère des partenaires se détendit un peu. La parole ne leur avait pas été interdite ; ils n'en avaient usé d'abord que discrètement ; cette seconde épreuve leur délia la langue. A quelques paroles de simple politesse succédèrent de courts propos, en manière d'appréciation sur les mets qui leur étaient soumis.

— Excellent, ce rôti de grives ! murmura Ernest.

— Je ne partage pas complétement votre goût, répliqua le comte Falbaire ; le genièvre dans les grives me paraît une hérésie.

— Cependant, tous les classiques de la table...

— J'ai pour moi Toussenel.

Ernest s'inclina.

Quelques instants après, ce fut au tour du comte Falbaire à formuler le vœu suivant :

— Si vous n'y voyez pas d'inconvénient, monsieur Ernest, nous laisserons le vin de l'Ermitage pour demander du La Tour Blanche.

— A votre aise, monsieur le comte.

Il semblait que le premier diner n'eût été que l'absinthe de celui-ci.

Les témoins commencèrent à se regarder d'un air stupéfait.

Inutile de dire que leur rôle, d'actif qu'il était au début, était devenu purement contemplatif.

III

— Soupons, dit le comte Falbaire, lorsque la dernière goutte de café eut été savourée.

— Soupons ! répéta Ernest.

Le cas était prévu. Les consommés, les viandes froides, les écrevisses, les salades à la russe se succédèrent, mêlés au vin du Rhin, au vin de Porto, au vin de Champagne.

Le souper fut animé, bruyant même. Cela devait être. Le duel entrait dans sa période décisive. Chacun des combattants serrait son jeu, tout en surveillant de l'œil son vis-à-vis.

Ernest mangeait plus brillamment ; le comte Falbaire plus correctement. On reconnaissait du reste en eux une méthode parfaite, la tradition des maîtres — au service de muscles d'acier.

Chacun semblait certain du triomphe ; aussi y avait-il maintenant du défi dans leurs paroles. La raillerie perlait au bord des verres ; les épigrammes naissaient aux pointes des fourchettes.

Cependant les joues d'Ernest se coloraient insensiblement.

Le comte Falbaire s'en aperçut.

— Désirez-vous qu'on ouvre cette fenêtre, monsieur Ernest? Vous paraissez avoir bien chaud...

Ernest lui lança un regard terrible.

Le souper continua.

Deux témoins avaient cédé au sommeil; les deux autres veillaient. Il avait été convenu qu'ils se relèveraient d'heure en heure.

A un certain moment, Ernest voulut chanter.

Les témoins de quart réprimèrent cette velléité de mauvais goût, qui avait été soigneusement écartée du programme, par ce motif que les chants facilitent le travail de la digestion.

Cette faute constituait un désavantage marqué pour Ernest; — cela équivalait à un premier sang.

Il était visible, d'ailleurs, qu'Ernest luttait contre les premières étreintes de l'ivresse. Ses regards cherchaient un point d'appui; un léger tremblement agitait ses mains.

— Vous vous arrêtez, dit le comte Falbaire.

Ernest ricana, et, pour toute réponse, il vida trois coupes de champagne.

Il fut imité avec tranquillité par le comte.

Tout à coup un jet de pâleur se répandit sur le visage d'Ernest, — qui mit un de ses coudes sur la nappe et devint rêveur.

Après avoir attendu pendant quelques minutes la fin de cette rêverie, le comte Falbaire lui dit froidement :

— Faites-vous des excuses ?

— Déjeunons ! cria Ernest.

IV

Les témoins bondirent à cette exclamation inattendue. Ils se concertèrent un instant, — et finirent par se rendre au désir de leurs clients.

Le jour était arrivé, le jour et le soleil. Une belle matinée pour déjeuner.

Ernest semblait avoir retrouvé de nouvelles forces. Il fondit avec impétuosité sur les huîtres, il se rua sur les chateaubriands, il se colleta avec le sauterne.

Ce n'était plus de l'émulation, c'était du transport, du délire.

Le comte Falbaire le suivait pas à pas, sans paraître autrement s'inquiéter de cette gymnastique. Puis vint un moment où le beau feu d'Ernest s'apaisa ou plutôt se transforma. La rage fit place à la mécanique. Il mangeait sans savoir, insciemment, fatalement, — avec un bruit de mâchoires régulier, monotone, insupportable.

Cela dura ainsi jusqu'à midi.

A midi, Ernest essaya de se lever pour porter un toast aux divinités infernales.

Ce mouvement devait lui être funeste.

Il glissa sur les talons et tomba tout de son long sous la table.

On attendit quelques secondes. Rien. Le parquet ne rendit pas son convive.

Alors, d'un commun accord, les témoins déclarèrent l'honneur satisfait.

Les deux adversaires avaient lutté pendant dix-huit heures.

Et le comte Falbaire mangeait toujours !

ESPAGNOLES

A Malaga débarqué
Depuis moins d'une semaine,
Mon cœur, mon cœur attaqué
Court déjà la prétantaine.

J'avais douté de Monpou,
Et, froid comme une banquise,
Nié la brune marquise
D'Amaëgui. J'étais fou.

La mantille, l'œil qui flambe,
L'éventail, le falbala,
C'était donc vrai, tout cela, —
Jusqu'au poignard à la jambe !

Elles sont deux sœurs ici,
Qu'il faut aimer ou maudire ;
J'irai même jusqu'à dire
Qu'elles sentent le roussi.

J'userais trente guitares
A célébrer leurs appas :
Leurs dents sont des perles rares,
Leurs cils n'en finissent pas.

L'épithète de gentilles
N'est point celle qu'il leur faut.
Ni femmes ni jeunes filles :
Espagnoles ! c'est le mot.

Où les ai-je rencontrées ?
A l'Alameda, parbleu !
Par une de ces soirées
Langoureuses sur fond bleu.

Une odeur de sortilége
Sur-le-champ me subjugua.
A présent, ô Malaga,
De tes murs quand sortirai-je ?

Le matin, j'essaye en vain
De répandre sur ma flamme
Un vin ! un vin noir !! un vin !!!
Toujours brûle ma pauvre âme.

Combien de temps durera
Ce déplorable incendie ?
A vos pieds je psalmodie,
Mon Inez ! ma Juana !

Donc le matin à la cave,
Le soir à l'Alameda ;
Écris-moi, mon cher Gustave :
Cœur restant, à Malaga.

A BAS PERRAULT!

J'ai arraché ce matin avec colère des mains de mon jeune fils les *Contes des Fées*.

Je veux bien que les compositions de *Ma Mère l'Oie*, en collaboration avec Charles Perrault, soient très-divertissantes et d'une fine originalité, mais je nie qu'elles aient été écrites particulièrement pour l'enfance.

Dans tous les cas, je ne vois pas quels profits ces petits êtres peuvent retirer de la lecture ou de l'audition de ces scènes de meurtre et d'effroi. On ne trouve que massacres, cadavres, mares de sang, dans les *Contes des Fées*.

Vous souriez, vous, hommes mûrs, de l'ogre du *Petit-Poucet*, mais les enfants sont loin d'en sourire, eux. Ils se serrent avec effroi contre leur bonne, au récit que cette sotte leur en fait. Cette odeur de chair fraîche, ces régals d'anthropophage, ce coutelas sans cesse levé, ces filles égorgées silencieusement dans la nuit, toutes ces drôleries sont de nature à agir trop fortement sur les imaginations naissantes.

Mes premières convulsions datent du *Chaperon rouge*; cette grand'mère étranglée et jetée dans la ruelle, ce loup s'affublant de sa cornette et s'installant à sa place, hideux, les dents souillées, les pattes velues; cette enfant dévorée, — c'en était assez pour déterminer dans tout mon être un ébranlement dont je fus assez longtemps à me remettre.

Un autre cauchemar encore, c'est *Barbe-Bleue*. Une création immonde! l'incarnation de la luxure et de la férocité! Sept femmes assassinées stupidement! sept cadavres pendus dans un cabinet! Du sang à une clef, comme à la main de lady Macbeth! Toujours du sang! Ces aimables contes ne sortent pas de là. Une pauvre créature traînée par les cheveux et rampant dans l'escalier d'une tour sous l'éclair d'un fer nu.

Voilà les tissus d'horreur qu'on rencontre inévitablement à côté de tous les berceaux.

Que voulez-vous? Il est convenu depuis plus de deux siècles que les contes de Perrault ne sont qu'un recueil d'innocentes affabulations.

Quelques autres de ces contes, je le reconnais, font moins frémir, mais ils remplacent l'atrocité par l'immoralité.

De ce nombre est le conte de *Peau d'Ane*, dont le point de départ est l'amour monstrueux d'un père pour sa fille.

Consultez le texte :

« Malheureusement le roi s'avisa de trouver que l'infante, sa fille, était non-seulement belle et bien faite à ravir, mais qu'elle surpassait encore la reine, sa mère, en esprit et en agrément. Sa jeunesse, l'agréable fraîcheur de son beau teint, enflammèrent le roi d'un feu si violent, qu'il ne put le cacher à l'infante, et lui dit qu'il avait résolu de l'épouser. »

Voilà qui est du joli !

Je sais bien que le conteur s'irrite et qu'il se hâte d'ajouter que « la jeune princesse, remplie de vertu et de pudeur, pensa s'évanouir à cette horrible proposition ». Mais la proposition n'en demeure pas moins formulée, et l'enfant qui en a reçu l'impression reste convaincu qu'il y a des pères qui peuvent songer à épouser leurs filles. C'était un horizon qu'aurait dû laisser clos Charles Perrault, par tous les motifs, par toutes les considérations, à tous les points de vue, même à celui de la poésie, qui paraît avoir été son seul guide.

Le sentiment religieux est également attaqué dans *Peau d'Ane :* « Le roi, qui s'était mis en tête ce bizarre projet (*bizarre* est doux), avait consulté un vieux *druide* pour mettre la conscience de la jeune princesse en repos. Ce druide, moins religieux qu'ambitieux, sacrifia à l'honneur d'être le confident d'un grand roi l'intérêt de l'innocence et de la vertu, et s'insinua avec tant d'adresse dans l'esprit du roi, lui adoucit tellement le crime qu'il allait commettre, qu'il lui persuada même que *c'était œuvre pie que d'épouser sa fille.* »

Encore une fois, j'essayerai d'éloigner des yeux de mes enfants les *Contes des Fées* jusqu'à l'âge de raison.

A cet âge-là, ils rendront hommage sans doute, comme moi, à la poésie qui est répandue sur la narration de *Peau d'Ane.* Comme moi, ils souriront aux trois robes couleur du temps, couleur de la lune et couleur du soleil.

Comme moi, peut-être aussi, ils s'étonneront du conseil de la marraine à l'infante : « Que faites-vous, ma fille? dit-elle, voyant la princesse déchirant ses cheveux et meurtrissant ses belles joues ; *voici le moment le plus heureux de votre vie.* Enveloppez-vous de cette peau, sortez de ce palais, et allez tant que terre pourra vous porter; lorsqu'on sacrifie tout à la vertu, les dieux savent vous en récompenser. »

A la bonne heure !

Mais cessons cependant de nous extasier et de nous attendrir sur la prétendue innocence des *Contes des Fées* de Perrault.

LA FEMME QUI FAIT LA BARBE

En courant les grandes routes ces jours-ci, j'ai retrouvé « la femme qui fait la barbe », un type que je croyais disparu.

C'est à B..., dans la Loire-Inférieure, une petite ville de cinq mille mentons. Un plat de cuivre se balançait au devant d'une boutique assez basse, — peinte en bleu, cela va sans dire. — Le bleu, dont une ancienne ordonnance royale affectait spécialement l'emploi aux devantures de perruquiers, est resté la couleur favorite de ces industriels. — De modestes rideaux empêchaient les regards de pénétrer à l'intérieur.

Je poussai la porte. Deux femmes sortirent de l'arrière-boutique, une vieille et une jeune.

Je dis, en tournant les yeux autour de moi, comme pour chercher un garçon :

— Je désirerais me faire raser.

— A votre service, monsieur, me fut-il répondu.

La plus âgée m'avança une chaise (une chaise, pas un fauteuil), tandis que la plus jeune m'entourait le cou d'une serviette qu'elle venait de tirer d'une de ces armoires qui sont en province des monuments. — Ce ne fut pas sans une certaine satisfaction que je m'aperçus que c'était à la plus jeune que j'allais avoir affaire. Satisfaction puérile, si vous voulez. Les délicats sont moins malheureux que le prétend La Fontaine : ils se créent de petits contentements avec peu de chose.

La perruquière, — qui me fit penser, je ne sais pourquoi, à cette perruquière du *Lutrin* que Boileau-Despréaux, cédant à un sentiment de dignité grotesque, remplaça plus tard par une horlogère, — la perruquière, dis-je, commença par me savonner, non pas avec un pinceau, mais avec la main, ou plutôt avec deux doigts. Comprend-on à présent combien il m'eût répugné de subir cet office d'une main ridée et sèche ? Certainement la main qui me savonnait n'avait rien de patricien, mais enfin c'était une main possible. Pourtant, à la sentir se promener sur mon visage, j'en éprouvais un agacement singulier et qui participait plutôt de l'impatience que du charme. Cette main revenait de préférence à mon menton et le soulevait à légères saccades, comme on fait ironiquement aux petits enfants en leur disant : « Voyez ce beau museau ! »

Il ne pouvait évidemment entrer rien de semblable dans l'esprit de la perruquière. Néanmoins, j'étais mal à l'aise, je trouvais qu'elle n'en finissait pas. J'oubliais le proverbe : « Barbe bien savonnée est à moitié rasée. » Je l'examinais par instants : c'était une femme de vingt-six ans environ, brune, point trop forte ; ses traits étaient réguliers, s'arrêtant juste à la distinction sans y arriver. — Un mouchoir, où le rouge et le violet se mélangeaient à la mode campagnarde, se croisait sur sa poitrine. — Chaque fois que je la regardais, je rencontrais ses yeux, de fort beaux yeux. Je ne sais rien de plus intimidant et de plus ridicule que cette position d'un homme garrotté, la tête renversée, le menton mousseux, — et regardant une femme. Il ne peut pas parler, il ne peut pas sourire.

Lorsqu'elle jugea que ma figure était suffisamment humectée, elle me quitta pour aller affiler un rasoir à une lanière de cuir. J'eus le temps de lorgner l'élégance de sa taille. Elle revint à moi, le rasoir haut. Aux mains d'un homme, cette arme, — car enfin c'est une arme! — ne m'avait jamais causé aucune impression. En la voyant agitée par une femme, je ne pus me défendre d'une appréhension bizarre. Ce qu'il y avait de doux dans la physionomie de la perruquière me sembla s'effacer par degrés. L'image de la Judith de Béthulie passait devant mes paupières, — que je fermai involontairement. Et je songeais aux torts nombreux que j'ai eus envers les femmes, aux infidélités et aux ingratitudes dont j'ai donné l'exemple. Je me dis que j'avais été bien fou et bien vain de croire que tous ces méfaits resteraient sans châtiment.....

Pendant ce temps-là, le rasoir courait ou plutôt voltigeait, papillon d'acier, sur ma figure blémissante. Une sorte de vertige, dont je m'étonne aujourd'hui, s'empara tout de bon de mon cerveau; des drames oubliés remontèrent à la surface de ma mémoire; je revis des têtes éplorées et irritées; j'entendis un chœur de plaintes, de reproches, de menaces. Et par une succession rapide d'idées, la perruquière m'apparut comme le ministre et l'exécuteur de ces vengeances.

Et le rasoir voltigeait toujours!!!

Cette sensation finit par me devenir insupportable ; je fis un mouvement comme quelqu'un qui se débat. Elle s'arrêta aussitôt, pour me demander du ton le plus naturel :

— Est-ce que je vous fais mal, monsieur ?

Je rougis de mon hallucination, et je balbutiai un « Non, pas du tout ! » en reprenant position sur ma chaise.

Le fait est qu'elle avait la main extraordinairement légère ; je parle de la main qui tenait le rasoir. L'autre, la main gauche, s'appuyait tantôt sur ma joue, tantôt sur mon cou, pour aider la peau à se tendre. — Lorsqu'il s'agit de raser la lèvre supérieure (je ne porte pas de moustache), la perruquière me pinça le nez d'une façon assez vive. Était-ce distraction ou excès de zèle ? N'était-ce pas plutôt un éclair de malice ? C'est ce que je ne saurais démontrer. — Quoi qu'il en soit, ce procédé suffit pour dissiper instantanément mon vertige et pour me rendre entièrement au sentiment de la réalité.

Trois minutes après, ma barbe était faite, et très-bien faite. Ma perruquière — *ma*, le fat ! — s'offrit pour me laver le menton. Cette fois, je refusai ses services ; je me lavai moi-même.

Lorsque je sortis de la petite boutique, les deux femmes se confondirent en salutations.

FUSION

Il est une heure où se rencontrent
Tous les grands vins dans un festin,
Heure fraternelle où se montrent
Le laffite et le chambertin.

Plus de querelles à cette heure
Entre ces vaillants compagnons ;
Plus de discorde intérieure
Entre Gascons et Bourguignons.

On fait trêve à l'humeur rivale,
On éteint l'esprit de parti.
L'appétit veut cet intervalle.
Cette heure est l'heure du rôti !

Comme aux réceptions royales
Que virent les deux Trianons,
Circulent à travers les salles
Ceux qui portent les plus beaux noms.

A des gentilshommes semblables
Et non moins armoriés qu'eux,
Les grands vins, aux airs agréables,
Échangent des saluts pompeux.

Ils ont dépouillé leurs astuces,
Tout en conservant leur cachet.
— Passez, monsieur de Lur-Saluces !
— Après vous, mon cher Montrachet !

Pomard, en souriant regarde
Glisser le doux Branne-Mouton.
Nul ne dit à Latour : « Prends garde ! »
Pas même le bouillant Corton.

Volney raconte ses ruines
Au digne Saint-Émilion,
Qui l'entretient de ses ravines
Et des grottes de Pétion.

Jamais les vieilles Tuileries,
Dans leurs soirs les plus radieux,
Ne virent sous leurs boiseries
Hôtes plus cérémonieux.

On cherche le feutre à panache
Sur le bouchon de celui-ci,
Et, sous la basque qui la cache,
L'épée en acier aminci.

Voici monsieur de Léoville
Qui s'avance en habit brodé,
Et qui, d'une façon civile,
Par Chablis se voit abordé.

Musigny, que d'orgueil on taxe,
Dit à Saint-Estèphe : « Pardieu !
J'étais chez Maurice de Saxe
Quand vous étiez chez Richelieu ? »

« — Moi, sans que personne s'en blesse,
J'ai, dit monsieur de Sillery,
Conquis mes lettres de noblesse
Aux soupers de la Dubarry ! »

Un autre, encore moins sévère :
« J'ai parfois déridé le front
Du fameux proconsul Barrère... »
Aussitôt chacun l'interrompt.

Destournel se tait et se guinde,
Destournel, ami du flot bleu,
Qui voyagea deux fois dans l'Inde,
Coloré par un ciel de feu.

« Sans chercher si loin mon baptême,
Prophète chez moi, dit Margaux,
A la duchesse d'Angoulême
J'ai fait les honneurs de Bordeaux. »

Le jeune et rougissant Montrose,
Ayant quitté pour un instant
Le bras de son tuteur Larose,
Jette un regard inquiétant,

Et cherche, vierge enfrissonnée,
Rouge comme un coquelicot,
Mademoiselle Romanée
Auprès de la veuve Clicquot.

Certaine d'être bien lotie,
Malgré son air un peu tremblant,
Dans un coin la Côte-Rôtie
Sourit à l'Ermitage blanc ;

Tandis qu'avec un doigt qui frappe,
Impatient de se montrer,
Le fougueux Château-Neuf-du-Pape
Demande si l'on peut entrer.

Meursault estime l'or moins jaune
Que Barsac ; — lorsque Richebourg
Recommence sur ceux de « *Beaune
Et de Nuits* » un vieux calembour.

Rauzan découvre mille charmes
Chez Mercurey, ce fin rougeaud.
J'entends le cri de : « Portez armes ! »
On acclame le Clos-Vougeot.

Il en est du temps des comètes,
Qui, dépouillés, usés, fanés,
Sont dans des fauteuils à roulettes
Respectueusement traînés.

Un tel, souffrant qu'on le décante,
Fat, dans sa fraise de cristal :
« Ah ! dit-il, plus d'une bacchante
M'aima dans le Palais-Royal ! »

A ce rendez-vous pacifique
Aucun ne manque, ils sont tous là.
O le spectacle magnifique !
O le resplendissant gala !

Et quel bel exemple nous donnent
Ces vins, dans leur rare fierté,
Qui s'acceptent et se pardonnent
Leur triomphante égalité !

VOYAGE DANS MES POCHES

EN GARE

Il n'y a pas à me le dissimuler : j'étais hier soir prodigieusement gris. — Que celui qui ne s'est jamais trouvé dans une semblable situation me jette la première bouteille !

Comment le fait s'est-il produit ? A un souper improvisé au café Anglais, voilà ce que je sais. Ensuite…. Ah ! ensuite, mes idées sont absolument brouillées. — A partir d'un certain moment, je ne me souviens plus de ce qui m'est arrivé, mais plus du tout. Un rideau en forme de nuage est descendu sur ma mémoire, pareil aux rideaux d'entr'actes dans les féeries.

Il a dû cependant m'arriver quelque chose, bien des choses même ; tout me le prouve : mon habit gisant à terre, ma cravate gardée pendant mon sommeil, et surtout, — surtout ! — ma figure horriblement fatiguée et pâlie. Deburau mâtiné de Rolla !

C'est du joli, en vérité ! A mon âge, à vingt-huit ans, m'être laissé surprendre par le champagne, comme un lycéen en vacances ! Cela n'a pas de nom.

Auprès de qui me renseigner sur les événements de cette nuit ? Si j'interrogeais mon domestique ? Fi ! m'exposer à rougir devant ce garçon !... D'ailleurs il ne pourrait tout au plus que m'apprendre l'heure à laquelle je suis rentré, et mon attitude en réintégrant ma chambre à coucher. Je la devine, mon attitude.

On prétend qu'avec un seul os, Cuvier se faisait fort de reconstruire un animal antédiluvien tout entier. Il me faudrait quelque chose d'analogue pour reconstruire mon existence pendant ces douze ou quinze dernières heures, — un ou deux indices au moins.

Où les trouver ?

Ah ! mes poches !...

Depuis mon enfance, j'ai gardé l'habitude d'y fourrer un tas de choses. Voilà le moment de me fouiller, — comme un coupable que je suis.

Je tremble... Que vais-je découvrir?...

LE PORTE-MONNAIE

J'ai introduit délicatement deux doigts dans la poche de côté de mon gilet, — et j'en ai retiré mon porte-monnaie.

Vide.....

Parbleu!

L'ADDITION

En voulant ramasser mon pardessus, ma main a rencontré mon portefeuille entr'ouvert, et d'où plusieurs papiers s'étaient échappés sur le tapis.

Le premier de ces papiers qui a frappé mes yeux, c'est l'addition du café Anglais.

Je tiens la pièce principale du délit. Grâce à l'addition, je vais apprendre tout de suite...

« Salon n° 14 » J'en étais sûr. C'est toujours au n° 14 que j'opère.

Voyons le total.... 820 francs. Peste! je n'ai pas mal été, à ce qu'il paraît.

Combien étions-nous? Qui étions-nous? Mes

amis habituels, cela est probable. Mais encore, lesquels?

Une inspiration! Ce menu, en trahissant leurs goûts, va me révéler leurs noms. Essayons de le déchiffrer.

Huîtres portugaises. — Ce sont celles que Lucien préfère, et que l'on fait venir d'Arcachon tout exprès pour lui.

Lucien était donc du souper, cela est clair. Et d'un!

Potage à la purée de gibier. — Ou je me trompe fort, ou ce potage — c'est-à-dire cet incendie — a été imposé par Maxime. Et de deux!

Filets de sole à la Joinville. — Je reconnais Fernand, un orléaniste pur!

Cannetons de Rouen à l'orange. — Justement, Polastron est Rouennais.

Salade de légumes à la Russe. Il est inutile de demander si Seménow était là.

Bombe à la cardinal...

De qui cela peut-il bien venir?

J'y suis!... Est-ce que Marcel n'est pas cousin du cardinal Donnet?

— Ainsi Lucien, Maxime, Fernand, Polastron, Seménow, Marcel — voilà ma table recomposée.

Ah ça, mais je suis aussi fort qu'Edgar Poë!

PHOTOGRAPHIES

Y avait-il des femmes à ce souper?

Cela est hors de doute; ces photographies éparpillées l'attestent suffisamment.

Les soupeuses ont la rage de distribuer leurs portraits.

Voilà Henriette dans son costume de la Revue des Variétés, la gorge prête à sauter du corset, ses gros pieds à la gêne dans des souliers de satin. — Sourit-elle assez bêtement! Veux-tu te cacher!

Celle-ci est l'éternelle Jeanne en cheveux poudrés, regardant par-dessus son épaule, au risque d'attraper un torticolis.

La troisième... Ah! la troisième, connais pas.

C'est singulier!

Elle n'est pas mal, la troisième : elle est même jolie. La tête est petite et tout à fait dans le sentiment moderne : point de front, peu de nez, un soupçon de bouche. Rien que des yeux, mais ils sont superbes. Et les cils, donc! C'est à croire qu'ils ont été repassés par Grévin. Elle est blonde — autant que la photographie le laisse deviner — et j'en suis bien aise; je ne sais pas pourquoi, par exemple. Les petites boucles qui descendent et voltigent sur son front doivent ressembler à de l'or en fumée.

C'est presque une enfant; dix-sept ans peut-être. Sa toilette est des plus modestes : une robe montante, puritaine, mais qui n'en développe que mieux ce qu'elle doit envelopper. Exquise, la taille! Nos pères n'auraient pas manqué de la comparer à un roseau. Il faut avouer que nos pères n'étaient pas forts en comparaison.

Décidément elle est très-jolie cette fillette.

Je ne lui vois pas de bijoux aux oreilles ni de cercle au poignet. Est-ce à cause de cela qu'elle affecte un air de dédain? — Du dédain! Cela ne sait rien encore de la vie, et cela veut déjà paraître ennuyé. Elles sont toutes ainsi.

D'où sort-elle? Qui est-ce qui l'avait amenée là? C'était peut-être son début. Elle réussira, je le lui prédis. Il est évident qu'elle était assise à mon côté; en ma qualité d'amphytrion, je n'aurais pas permis qu'il en fût autrement. J'ai dû causer longuement avec elle; cela est certain. Qu'est-ce que j'ai bien pu lui dire? toutes les folies qui me passaient par la tête et par le cœur, sans doute. Je lui ai demandé tout ce qu'on peut demander à une jolie femme.

Elle m'aura refusé — ou ajourné. C'est peut-être pour cela que je me suis grisé.

Résumons-nous : il y avait au salon n° 14 six hommes et trois femmes. Voilà mon personnel. Maintenant, qu'est-ce qui s'est passé ? — J'ai les acteurs, mais je n'ai pas encore le drame.

Continuons à voyager dans mon pardessus.

CARTES DE VISITE

Diable !

Je trouve deux cartes.

La première porte ce nom et cette indication :

R. de Fayet-Moret,
sous-lieutenant aux chasseurs à pied.

La deuxième :

Jules Buthot,
capitaine au 12e de ligne.

Qu'est-ce que cela veut dire ?

Je ne connais pas tant de militaires que cela, moi.

Il y a une querelle là-dessous, une dispute, une rixe.

Ces deux cartes, — glacées et glaciales, — ont été assurément échangées contre deux des miennes.

Voilà le drame demandé : un duel, deux duels peut-être !

Mais des duels avec qui ? des duels à propos de quoi ?

Y a-t-il eu offense ? — Je sais que j'ai un caractère insupportable quand j'ai bu. — Ai-je été le provocateur ou le provoqué ?

Il me semble que la joue gauche me fait mal et qu'elle est plus enflée que l'autre... Oh ! c'est une illusion !

Quelles sottes affaires me suis-je mises sur les bras !

Je crois distinguer quelque chose de tracé au crayon sur la premières de ces cartes, celle du sous-lieutenant de chasseurs.... Oui.... « Dix heures, à Saint-Mandé. »

Patatras !

Un rendez-vous armé... cela est clair.

Courons, il est peut-être temps encore !

Non, il n'est plus temps. — Onze heures et demie !

Je suis déshonoré.

Personne ne voudra me croire lorsque je

dirai que je me suis levé trop tard et que j'avais mal à la tête.

Je n'ai plus la force d'interroger mes poches.

On ne sait pas cependant...

LE MOUCHOIR

Très-fin. Une batiste aérienne.

Mais ce n'est pas un des miens.

Celui-ci porte à un de ses coins un tortil de baron.

Voilà que j'ai fait le mouchoir à présent! Je suis sur la route du bagne.

O ma tête! ma tête!

LE BOUQUET

Que fait là ce bouquet, à ma boutonnière!

Des petits *pensez-à-moi* qui ont fermé leurs yeux pâlis... tout fanés... Le fil qui les retenait est à moitié dénoué.

Ce bouquet est trop modeste pour que je l'aie acheté à une bouquetière. On a dû me le donner ou j'ai dû le prendre.

On me l'a donné. C'est la continuation de la légende de la petite blonde. Elle me l'a donné,

20.

sachant que j'allais me battre... que j'allais me battre pour elle, sans doute.

Oui... c'est cela! Ce doit être cela.

CINQ MINUTES D'ARRÊT

Mes appréhensions redoublent.

Tout à l'heure, je voulais savoir; — maintenant, je crains de trop apprendre.

Je redoute de plonger trop avant dans mon pardessus.

Si, comme Arnal dans l'*Affaire de la rue de Lourcine*, j'allais retirer mes mains pleines de charbon — ou de sang!

ARRIVÉE

Ah! mon Dieu!

— Quoi?

Ce pardessus.... ce pardessus n'est pas le mien.

Non!... Le mien est marron, et celui-ci est couleur raisin de Corinthe.

Je n'ai pas voyagé dans mes poches, j'ai voyagé dans les poches d'autrui.

Mais alors... si ce pardessus n'est pas à moi, pas à moi le duel!

Pas à moi l'addition!
Pas à moi les photographies!
Pas à moi les cartes!
Pas à moi le bouquet!
Je n'ai pas volé le mouchoir!
Sauvé, mon Dieu! sauvé!

Et mon roman de la petite blonde?... Je le regrette, parole d'honneur.

Bah! — je saurai son adresse par le photographe.

LE BÉBÉ

> Je ne veux ni vers ni prose.
> *Le Bourgeois gentilhomme.*
> (Acte II, scène vi.)

Dans ces bals masqués — des bords de la Seine, — cherchez qui vous mène, — mes gais dominos. — Moi, j'ai fait mon temps ; — et je laisse à d'autres, — d'autres plus ardents, — le plaisir extrême — de vous escorter, — de vous protéger, — et de vous payer — du sucre de pomme.

Samedi dernier, — tout seul cette fois, — je me suis surpris, — comme malgré moi, — à fouler encore — l'escalier fleuri — et les corridors — couverts de tapis — du grand Opéra. —

avait bien — deux années au moins — qu'on ne m'y avait — rencontré, vraiment!

Et bien, c'est toujours, — toujours même chose : — bruit, foule et couleur! — On peut y passer — une heure agréable, — mais pas davantage, — moitié dans les loges, — moitié au foyer. — Les femmes y sont — aussi élégantes, — aussi agaçantes — et aussi banales — qu'il y a deux ans.

J'en ai remarqué — une cependant, — portant à ravir — un habit charmant. — Que dis-je? un habit! — Que dis-je? un costume! — Cela pouvait-il — s'appeler ainsi? — On voyait ses jambes, — marbre et soie ensemble; — on voyait ses bras, — guirlande d'appas; — on voyait sa gorge, — avec ses épaules, — libres et splendides, — et qui semblaient prendre — un bain de lumière — et de mélodie.

Le reste n'était — que flot de dentelles, — nuage tissé, — rêve de chemise. — Ce déguisement, — à ce qu'on m'a dit, — s'appelle bébé, — de *baby*, enfant ; — il est très-joli, — lorsqu'il déshabille — une belle fille — comme celle-là.

Quand je l'aperçus, — samedi dernier, — elle

était en train — d'enlever, folâtre, — du bout de son pied, — le chapeau tout neuf — d'un monsieur très-bien, — qui, d'un air aimable, — dansait devant elle.

Puis, elle riait, — et son rire était — comme une cascade — pleine de roulades — à n'en plus finir ; — comme un bruit d'anneaux, — ou comme la chute — des piles d'argent — qu'un commis de banque — compte bruyamment.

On m'a dit son nom : — c'était quelque chose — comme *Bassinette* — ou *Clara Faux-Col*. — On m'a dit son âge, — un âge ingénu, — dix-huit ans aux fraises, — dix-huit ans, pas plus. — Bref, on m'a tout dit ; — je n'en demandais — pas tant que cela.

La danse finie, — le gentil bébé, — sautant, s'éventant, — fit une trouée — dans la foule épaisse, — et y disparut. — Pendant trois secondes, — moi, demeuré là, — j'eus la folle envie — de suivre ses pas. — Mais je me dis : « Bah !

» Bah ! qu'aller chercher — sur les pas légers — de cette fillette ? — N'as-tu pas assez — aimé, ô mon cœur, — ô mon cœur blessé ! — Lorsque l'on part pour — le pays d'amour, — le meilleur devin — ne saurait prédire — l'heure du retour.

» Des femmes comme elle, — (oh non! pas si belles!) — le monde en est plein, — et je ne peux pas — raisonnablement — les adorer toutes. — A moi donc, Sagesse! — sur ton bras penché, — descendons ensemble — le grand escalier. — Adieu, mon bébé. »

LES BALAIS ROTIS

Où vont-elles, traversant les airs, par la nuit sombre et la lune rouge, échevelées, nues, à cheval sur des balais ? Au sabbat, parbleu ! Elles se dirigent toutes vers le plateau d'une montagne couronnée de bruyères maigres et frissonnantes. Ce qui se passe là, Teniers, Callot, Goëthe et Goya ont essayé de le raconter : concerts étranges, enlacements confus, danses effrénées, — et des feux, des feux partout !

Le lendemain matin, il ne reste de cette assemblée nocturne au Brocken parisien que des cercles sur l'herbe, et, au milieu de ces cercles, parmi des charbons éteints, un grand nombre de balais à moitié consumés, balais de toutes formes et de toutes les dimensions. — Oh ! que de balais !

Seigneur lecteur, vous plaît-il que nous ramassions de compagnie quelques-uns de ces ustensiles diaboliques ? Ils nous diront peut-être plusieurs traits de l'histoire de celles qui les ont fait rôtir.......

Le premier balai contre lequel mon pied vient de heurter est un balai ordinaire, que rien ne recommande à l'attention, encore assez fourni, et ayant appartenu à une dame Honesta quelconque, — balai rôti au feu mesuré, mais continuel des adultères discrets. Il n'y a que les bourgeoises pour savoir mettre de l'économie dans la passion ; — n'est-ce pas, Méphisto ?

Cet autre balai, coloré comme un mirliton et enrubanné comme un mai, c'est le balai d'une actrice, balai séduisant, coquet, fait d'un bois à la fois solide et précieux, rôti à un feu cosmopolite, c'est-à-dire à un feu entretenu par les plus galants représentants de toutes les nations étrangères, allumé par la Russie, attisé par l'Égypte, soufflé par l'Angleterre ! Un balai qui ressemble tantôt à un bâton de chef d'orchestre, tantôt à un sceptre, tantôt à un fourreau d'épée !

Long, très-long, sec, très-sec, riche, très-riche, avec un blason sculpté sur le manche, et des incrustations de diamants noirs et de topazes brûlées, — c'est le balai d'une grande dame, d'une très-grande dame, comme dit Buridan.

On devine aisément que ce balai aristocratique n'a dû servir qu'à de nobles chevauchées et ne traverser que des flammes hautaines. Comme il brûlait fièrement en plein salon, aux Italiens, même à la cour ! Plus d'une fois son audacieux petillement a scandalisé le noble faubourg ; mais le noble faubourg est fait pour être scandalisé ; n'est-ce pas, Belphégor ?

Oh ! oh ! qu'est-ce ceci ? Ce n'est point un balai, c'est un tronc d'arbre tout entier. Une formidable matrone, seule, pourrait l'enfourcher. Erreur ! Cette poutre est le balai de la frêle et candide Nanine, une vapeur, une tête de vierge à laquelle il ne manque que le fond d'or des toiles d'Ange de Fiesole. Ne vous fiez pas à l'apparente idéalité de Nanine, qui, dans les soupers enragés de carnaval, broie entre ses dents les coupes de Champagne, à la façon des Aïssaouas. C'est à peine si, en dix ans, le feu des cheminées qui flambent joyeusement dans les cabinets de Bignon et de Voisin a pu entamer le monstrueux balai de cet ange ; il ne faudrait rien moins qu'un incendie pour en venir à bout !

Parlez-moi de ce vrai balai, qui nous repose un peu des balais d'exception, un balai tout simple, tout rond, en bouleau ; un balai de cuisine, un balai balayant. — Eh quoi? vous aussi, ma mie! Margot vous vous avisez d'aller au sabbat! Je lis inscrits sur le manche de votre balai une multitude de noms, de chiffres, d'emblèmes, de cœurs, de flèches ; — un balai commémoratif, en l'honneur de l'armée française. Portez armes !

Un petit balai de plume, mignon, fin, presque un balai d'enfant. — Pauvre petit balai anonyme ! il se sera approché trop curieusement d'un peu de paille qui n'en aura fait qu'une bouchée, car de ses gentilles plumes il ne reste plus que quelques brins.

Place au balai de fer, le balai de la courtisanne pour tout de bon, le balai qui ne se consume jamais, qui dure toujours, et qui frappe mortellement tout ce qu'il rencontre sur son passage ! — Tout à coup, je me penche sur le balai de fer ; j'ai cru y distinguer des taches de rouille ; ce sont des taches de sang, n'est-ce pas, Belzébut ?

Que de balais encore ! Plus j'en compte, plus j'en découvre. Un champ de bataille ! J'en réunis autant que je veux, je les rassemble en fagots, et, — bûcheron grotesque et sentimental, — je les charge sur mes épaules. Puis, l'esprit en quête de moralité, je porte mon fardeau chez M. Alexandre Dumas fils, l'écrivain philosophe et consolateur.

Balais ! Balais rôtis !

AUX CHAMPS-ÉLYSÉES

Un vieux cabriolet découvert, à quatre places, roule lentement dans la grande allée des Champs-Élysées, un dimanche. Il contient un monsieur et ses deux enfants, deux petites filles.

La pauvre voiture fait une piteuse mine, avec ses roues crottées, son cheval à tête dodelinante et son cocher en chapeau gris, à côté des équipages resplendissants qui passent, rapides comme le vent. Que voulez-vous ? On ne trouve pas facilement de remises ces jours-là ; on prend ce qu'on rencontre. Le monsieur a hélé le cabriolet au coin de la rue du Colisée où est située la pension de ses filles.

Elles sont ravissantes, ces deux petites filles : l'une a cinq ans, l'autre sept.

Le père est obligé de les tenir tantôt par la main, tantôt par la robe, afin qu'elles ne tombent pas, car elles ne peuvent rester une minute en repos; elles se penchent à chaque instant ou bien s'agenouillent sur la banquette de face. Elles s'enquièrent curieusement de tout ce qu'elles voient et de tout ce qui se passe. Elles tendent les mains vers les jeux de bague, la voiture aux chèvres, les ballons roses et les marchands de plaisir. Ce sont des exclamations et des interrogations !

Le monsieur sourit à ces petits discours et à ces petits cris, mais son sourire est empreint de mélancolie. C'est un homme qui a dépassé la quarantaine, aux traits corrects et distingués.

Son histoire est assez banale, comme un grand nombre d'histoires dramatiques : après plusieurs années d'une union paisible en apparence, un matin, sa femme l'a quitté pour suivre un chanteur. Le monsieur est resté seul avec ses deux petites filles qu'il adore. Tous les dimanches, il va les chercher à leur pension, dans l'après-midi, pour les promener et les emmener au restaurant.

Ce jour-là, le temps étant vraiment magnifique, il dit au cocher de pousser jusqu'au bois de Boulogne. On fera le tour des deux lacs ; on dînera au pavillon d'Armenonville ou à la porte Maillot. Les petites chéries sautent de joie.

Dans la grande avenue, en face des coteaux dorés par le soleil couchant, le long des villas coquettes, les carrosses se succèdent plus riches et plus choisis. Les chevaux ont le flanc lustré, la jambe fine ; ils volent, ornés de pompons et d'argent. Les laquais sont poudrés, galonnés, redressés, en culotte, le mollet rebondi. Sur les coussins c'est un tapage de toilettes, un miroitement de robes, un balancement d'ombrelles, un kaléidoscope de visages. Tout ce qui a un nom, ou une fortune, ou un blason, ou une beauté, se rend au bois.

Soudain, une des deux petites filles, la plus attentive, s'écrie :

— Ah ! papa ! papa !

— Quoi ?

— Regarde-donc là... dans cette voiture qui marche à côté de nous... cette dame qui a des cheveux si drôles... des cheveux tout rouges... on croirait que c'est de la peinture.

Le père a regardé, et il est devenu affreusement pâle. Il a vivement serré les mains de ses enfants, et il les a involontairement attirées à lui. Puis, s'adressant au cocher, il lui a ordonné de rebrousser chemin.

— Nous n'allons donc plus au bois de Boulogne? disent les deux petites d'un ton de regret.

— Non, mes enfants, non; j'ai changé d'idée.

— Oh! papa!

— Mais vous n'y perdrez rien, rassurez-vous; nous dînerons au Palais-Royal, et nous irons ensuite voir la nouvelle férie au théâtre du Châtelet.

Le vieux cabriolet reprend tout doucement le chemin de Paris, et redescend les Champs-Élysées, cahin-caha, excitant les sourires de quelques promeneurs.

LES MAISONS CRIMINELLES

— Est-ce ici, monsieur ?
— Oui, monsieur.
— Au numéro 96 ?
— Justement.
— Cette maison-là ?
— Oui, monsieur.

Et voilà une personne de plus qui s'arrête dans la rue, qui lève les yeux, qui s'exclame, qui interroge les autres individus déjà rassemblés. — Un d'entre eux, autour duquel on s'empresse, fait complaisamment les honneurs du sanglant récit.

— Au second étage, oui, monsieur.
— Pouvez-vous m'indiquer la fenêtre ?

— *Avec plaisir*..... Là, au-dessus de l'enseigne du tailleur.

— C'est singulier. Et vous dites que l'assassin n'a pas songé à prendre la fuite ?

— Pas un seul instant, monsieur.

— Il l'aurait pu cependant.

— Il l'aurait pu.

J'avais fait comme tout le monde : je m'étais arrêté devant le numéro 96, où une tentative d'homicide avait eu lieu la veille. Je prêtais l'oreille aux propos, sans m'y mêler.

Quelqu'un se tourna vers moi, et me dit :

— N'est-ce pas que cette maison a quelque chose de particulièrement sinistre et qui sent le meurtre ?

— Je ne vois pas cela, répondis-je ; elle ressemble à toutes les maisons.

Je doute, en effet, que Lavater, qui lisait couramment sur les visages, — ce qui n'est pas absolument prouvé, — eût pu lire sur les maisons. La pierre ne livre pas son secret aussi promptement et aussi facilement que la chair. Où la bouche s'ouvre, la porte reste fermée. Où la langue parle, le mur se tait. Les maisons sont les masques des sociétés. — Ah ! mon Dieu ! voilà que je m'exprime en style de Guernesey !

Tout simplement je veux dire qu'il ne faut

pas se fier aux maisons. Leurs physionomies sont plus trompeuses qu'on ne croit. Il y en a qui déroutent toute observation, toute supposition. Telle qui affecte des dehors ignobles est l'asile de toutes les vertus ; telle autre, au contraire, — blanche avec des volets verts, — est un repaire infâme.

En somme, il est peu de maisons dans Paris qui ne comptent un drame dans leur histoire.

Une de mes préoccupations, chaque fois que je suis sur le point de louer un logement, est de connaître ce qui a pu s'y passer d'affligeant ou de tragique. Vous comprenez que, sans être un poltron, on ne tient pas à avoir ses nuits troublées par le souvenir d'un égorgement quelconque, — ou à apprendre tout à coup, par une *éphéméride* de son journal, qu'on demeure dans la maison habitée autrefois par un scélérat, coupable d'avoir coupé son semblable en dix-huit tranches.

Pour obtenir mon renseignement, je suis quelquefois obligé d'user d'une certaine dose d'astuce.

Étant donné un concierge qui me guide à travers les appartements que j'ai en vue, je feins de l'écouter avec un vif intérêt. — Il me fait remarquer le bon état des planchers et des plafonds, la multiplicité des placards, le nombre des portes de communication, les glaces dans toutes les pièces, le papier fraîchement posé, la cuisine spacieuse. Il ouvre une croisée, et s'extasie devant le coup d'œil dont on y jouit. Il me vante enfin les coutumes paisibles des locataires.

C'est à ce moment que je fais intervenir, d'un air dégagé, mon insidieuse demande.

— N'est-ce pas dans votre maison qu'est arrivé, il y a quelque temps, cet affreux événement dont on a tant parlé ?

— Oh ! monsieur, il y a plus de quinze ans !

Le tour est fait.

Je ne louerai pas ; mais je continue à questionner le concierge par curiosité.

— C'est, lui dis-je, si je me rappelle, un homme qui...

— Non, monsieur, c'est une femme.

— Ah ! oui, une femme. La malheureuse !

— Commment, monsieur, vous connaissez cette triste affaire ?

— Parfaitement.

— Le propriétaire nous défend d'en parler, parce qu'il y a des personnes sur qui cela fait de l'effet. Mais je vois avec plaisir que monsieur est au-dessus de pareilles faiblesses.

— Elle l'a frappé d'un coup de poignard ?

— Non, elle l'a étranglé.

— Étranglé, c'est cela.

— Et elle l'a achevé avec un couteau de cuisine, continue le concierge.

— Un couteau à découper, probablement.

— Il y avait une mare de sang qui coulait jusque par-dessous la porte.

— Ah! ah!

— C'est en faisant mon escalier, à six heures du matin, que je m'en suis aperçu.

— Voyez-vous!

Emporté par la force de ses souvenirs, l'imprudent concierge ne met plus de bornes à ses confidences.

— Tenez, monsieur, dit-il, donnez-vous la peine de me suivre par ici.

— Volontiers.

— Le crime s'est commis dans cette pièce... dont vous ferez sans doute votre chambre à coucher.

— Assurément!

— Vous y serez très-bien.

— Je le crois, dis-je en frissonnant.

— Alors, monsieur est décidé?

— Je vous ferai connaître ma réponse dans la journée.

O journée éternelle!

LES GENS

QUI SE LAISSENT TOMBER

Lecteur, il vous est arrivé, comme à moi, de rencontrer dans la rue quelques-uns de ces hommes aux vêtements négligés, et même plus que négligés, flétris, tachés, — les boutons de redingote à demi-sortis de leurs capsules, le pantalon moucheté d'une boue ancienne, le chapeau rougissant, les souliers poudreux.

Ces hommes marchent lentement, sans une apparence de but, les yeux distraits, indifférents aux coudoiements de la foule, en gens qui n'ont absolument rien à faire.

Malgré le délabrement de leur costume, leurs traits ont conservé quelques vestiges d'intelligence,—et voilà pourquoi vous vous êtes peut-être retournés sur leur passage.

Ces gens-là, qui forment à Paris une tribu plus nombreuse qu'on ne croit, ne sont ni des pauvres diables ni des indigents; ce sont tout simplement des gens *qui se laissent tomber*.

Il se peut que l'image soit triviale, mais elle est exacte et saisissante.

Les gens qui se laissent tomber sont ceux qui ont subi des catastrophes épouvantables, des désastres immenses et imprévus, des malheurs immérités et irréparables; qui ont vu crouler en un jour toutes leurs espérances; qui ont vu mourir un à un les êtres qu'ils adoraient.

Ils ont été terrassés comme par un coup de foudre.

Dès lors ils ne se relèveront plus.

Ils ne tiennent pas d'ailleurs à se relever; ils ont renoncé entièrement et définitivement à la lutte.

Et comment pourraient-ils lutter! Du jour au lendemain ils ont perdu toute énergie, toute volonté. Ils se sont réveillés sans ressort, incapables de détermination, inertes moralement et physiquement. Ils sont vaincus.

Que leur importe la vie désormais!

Les gens qui se laissent tomber affectionnent particulièrement les quais et les jardins publics. Ils s'arrêtent, au Luxembourg, devant des rondes d'enfants, — ou, comme le colonel Chabert, de la *Comédie-Humaine,* ils suivent, pendant des heures entières, des parties de boules au Champ de Mars.

Ils s'asseoient, quand ils sont fatigués, sur le premier banc venu ; ils entrent, quand ils ont faim, dans le premier restaurant qui se présente à leurs yeux, et le plus ordinairement à des heures invraisemblables.

Le garçon est obligé de leur demander à plusieurs reprises ce qu'il faut leur servir.

— Ce que vous voudrez, répondent-ils à la troisième ou quatrième fois.

Ils craignent et évitent les rencontres, car elles sont pour eux l'occasion d'un retour douloureux dans le passé.

Un de ces infortunés, porteur d'un beau nom, se trouva un jour face à face avec un de ses camarades d'enfance. Celui-ci ne put s'empêcher de lui témoigner son étonnement ; entre autres choses, il lui demanda pourquoi il n'avait plus son ruban rouge à la boutonnière.

— Ah !... balbutia l'autre, je ne sais pas... je ne m'étais pas aperçu... je l'aurai perdu sans doute.

Quelquefois, ils ont des réveils soudains, mais rares et de courte durée.

C'est ainsi que Chodruc-Duclos (un de ceux qui se sont laissés tomber le plus bas) accosta un jour le comte Giraud sous les arcades du Palais-Royal, et lui demanda brusquement :

— Giraud, dis-moi quelle est la meilleure édition d'Horace ?

Les gens qui se laissent tomber se laissent tomber surtout dans le sommeil. N'ayant plus conscience du temps, ils restent couchés pendant vingt-quatre heures plus ou moins, quelquefois sans dormir.

Leur intérieur répond à leur costume. Ils logent ordinairement dans quelque chambre dénudée, en compagnie de quelques livres et de quelques portraits.

La concierge qui est censée faire leur ménage ne se donne plus la peine d'essuyer ni de balayer. Elle change les draps de leur lit tous les trois mois.

Parfois, obéissant à une pitié machinale, elle donne leurs chaussures à ressemeler. Voilà tout.

Quant à eux, lorsque la pluie les force à rester au logis, on les voit plantés et immobiles devant la vitre mouillée.

D'autres fois, ils s'avisent de vouloir *ranger* chez eux.

Alors ils ouvrent un livre, ils en ont pour toute la journée à le relire.

S'ils ouvrent un tiroir et qu'ils attirent à eux des lettres décachetées, — ils deviennent pensifs; leur tête se penche sur la poitrine.

Des larmes coulent de leurs yeux...

Ce ne sont pas des fous.

Ce ne sont pas des malades.

Ce sont des gens *qui se laissent tomber.*

ÉTUDE DE VIEILLARD

Rappelez-vous Chaillot, cet honnête et tranquille hameau, retiré *sur la hauteur.*

La rue de Chaillot, — qu'on appelait *la grande rue*, comme dans les villes de province, — commençait aux Champs-Élysées pour aboutir aux terrains du Trocadéro. C'était une rue paisible, bordée de grands hôtels et de petits pavillons mystérieux où dormait la poussière des Amours effrontés du Directoire. On y voyait aussi des couvents, et principalement des pensions de demoiselles, — dont les théories ondulaient régulièrement le long du trottoir, à l'heure des offices.

Dans la rue de Chaillot était située la communauté de Sainte-Périne, le plus commode et le plus élégant de tous les asiles de la vieillesse. Je me suis arrêté souvent à regarder entrer et sortir, par cette grille de Sainte-Périne, les linons du Consulat, les mousselines de l'Empire, les écharpes de la Restauration, les bonnets montés de Louis-Philippe, — toute une friperie amusante aux yeux.

J'ai connu à Chaillot un aimable vieillard, qui demeurait dans la rue Basse-Saint-Pierre.

La rue Basse-Saint-Pierre faisait contraste avec la grande rue de Chaillot. Tortueuse et resserrée entre de noires murailles qui rappelaient les anciennes fortifications, elle longeait une petite place triangulaire, — laissant à sa droite la rue Dupont, un casse-cou, et la rue Gasté, un escalier ; — et, faisant une ceinture aux bâtiments de la Manutention militaire, elle finissait au quai de la Conférence. Les voitures ne la parcouraient presque jamais. Elle était occupée surtout par des établissements affectés au traitement des « déviations de la taille ». A travers la grille des fenêtres, dans ce calme un peu triste que tout faubourg respire à l'heure de midi, apparaissait de temps en temps la figure pensive d'une bossue ou le buste d'une jeune fille soutenue par deux béquilles.

Une maison à deux étages, centenaire, et

dont les tuiles avaient fini par revêtir les teintes de l'ardoise était celle de mon vieillard, — que j'appellerai M. Dathé.

Cette maison se présentait de côté, réservant sa modeste façade pour une cour, dont le luxe était dans deux beaux arbres de Judée. Cette cour tournait, obéissant aux bizarreries des constructions voisines, et se continuait en ruelle jusque vers un jardin très-ombragé, distrait sur la propriété d'une célèbre chanteuse, Mlle Sophie Arnould, — dont on voyait le petit hôtel athénien, à quelques pas de la pompe à feu.

M. Dathé, — qui m'appelait son *jeune ami*, — et qui avait conservé de la première période impériale les idées philosophiques et le langage orné, nommait ce jardin son *ermitage*. Il y avait dessiné des charmilles, en se conformant aux indications de Delille ; il y avait mis, sur des piédestaux, des enfants ailés qui s'appuyaient à un arc ou qui brandissaient un flambeau.

Dès l'aube, enveloppé dans une de ces robes de chambre à ramages dont les graveurs du xviiie siècle ont habillé les personnages de *la Nouvelle Héloïse* et de *Paméla*, M. Dathé venait régulièrement, quand la saison le permettait, rendre un premier hommage *à la Nature*.

23

Il se tournait vers le soleil, qu'il nommait un *globe vivifiant*, et il élevait mentalement sa prière au Créateur de toutes choses, qu'il désignait tantôt sous le nom d'*Être suprême*, comme Robespierre, — ou sous celui d'*Architecte de l'univers*, comme les francs-maçons, mais jamais sous le titre de Dieu.

Ah! c'était une physionomie, un type, que ce M. Dathé! Il incarnait une époque, et représentait des idées et des sentiments disparus — ou prêts à disparaître.

Après le déjeuner, appuyé sur le bras d'un domestique, il retournait au jardin, et se dirigeait à pas lents vers un berceau de lilas, de jasmins, d'aristoloches et de vigne vierge, qu'il avait baptisé : *le bosquet du silence*. C'était là qu'il relisait *ses auteurs favoris*, interrompant sa lecture par des commentaires à haute voix, faisant succéder les poésies de Gessner à un volume de l'Encyclopédie.

Le soir on abandonnait l'*ermitage*. M. Dathé — pour peu que la nuit fût claire — montait solennellement dans une mansarde, qu'il avait fait découvrir et vitrer pour la transformer en observatoire. Cette mansarde était remplie de sphères, cadrans, compas, *tubes de Cassini*, à l'aide desquels il se piquait *d'épier le cours des astres*.

Dix heures sonnant à l'église Saint-Pierre, il redescendait invariablement dans sa chambre à coucher, afin de *livrer ses membres au repos*.

Le vieillard de Chaillot avait soixante-douze ans. C'était un de ces hommes qui se tiennent droits comme des peupliers, qui portent la tête renversée, et envoient leur regard à dix pas devant eux. Ses cheveux, entièrement blancs, bouclaient encore; ses sourcils étaient abondants; son menton reposait à moitié enfoui dans une ample cravate à la Garat. Un sentiment d'indulgente vanité gonflait son sourire, arrondissait son geste, enflait sa voix, roidissait son jarret. Il prenait une pincée de tabac de l'air dont il aurait rendu la justice sous l'hermine.

D'où pouvait lui venir tant de sérénité et de certitude? Avait-il joué quelque rôle important dans l'État? Avait-il approché les grandes intelligences modernes et vécu dans leur intimité? Pas du tout. M. Dathé n'était jamais sorti des rangs de la bourgeoisie oisive; héritier de la fortune paternelle, sans ambition, sans passions, il avait suivi les événements splendides ou douloureux de notre histoire de la même façon qu'il suivait les astres, — c'est-à-dire avec une lunette.

Au moins portait-il sans doute le poids de ces pensées qui suffisent à remplir toute l'existence d'un homme et à l'animer intérieurement. Cet amour de la solitude, ces rêveries continuelles, traversées quelquefois par un sourire singulier, devaient trahir la préoccupation d'un ouvrage considérable. Pas davantage. — Autour de lui les armes et les livres avaient changé plusieurs fois la face du monde, les mœurs s'étaient modifiées, mille progrès s'étaient introduits dans l'éducation sans qu'il ajoutât un seul article, un seul paragraphe à son code de voltairianisme et de libéralisme circonscrit.

Ils sont comme cela une classe de vieillards qui n'ont rien vu, qui n'ont rien fait, qui ont à peine vécu, et dont la parole s'empare d'une autorité que rien ne justifie. Au nom d'une expérience imaginaire, ils se permettent de juger une génération et ses travaux. Ce sont des échos, ce ne sont pas des voix. Ce sont les ombres des autres hommes.

M. Dathé devait disparaître avec Chaillot. Paix à sa cendre !

PAULINE

Il fut un temps où je remontais tous les soirs la rue des Martyrs.

A la hauteur de la Brasserie, j'apercevais invariablement le long du trottoir, immobile, planté sur quatre jambes blanches, la tête inclinée, un vieux cheval.

Qu'est-ce que ce cheval faisait là tous les soirs, à la même place?

Il attendait l'omnibus de la halle aux vins, qui passe toutes les dix minutes se dirigeant vers la place Pigalle. Il l'attendait pour se joindre aux deux autres chevaux et aider à le hisser jusqu'au haut de la rue, car la montée est dure, comme on sait.

A ce moment, c'est-à-dire lorsque l'omnibus,

lourdement balancé, débouchait par le tournant du faubourg Montmartre, un homme sortait de l'ombre, où il attendait, lui aussi ; il saisissait le vieux cheval par la bride, et allait l'atteler au timon de la voiture.

— Hue, Pauline ! s'écriait-il, cette opération terminée.

— Hue, Pauline ! criait à son tour le cocher.

Pauline était le nom du vieux cheval.

Je laisse à penser si Pauline peinait à traîner cette lourde machine, chargée quelquefois d'une vingtaine de voyageurs.

Ses jambes se roidissaient, son cou se tendait.

Pour peu que le pavé fût humide ou glacé, elle glissait à chaque pas.

L'homme qui l'avait attelée marchait à côté d'elle, l'excitant de temps en temps par de larges coups de fouet et par son exclamation ordinaire :

— Hue, Pauline !

Arrivé à la rue de Laval, où le terrain cesse de monter, il la détachait, et tous deux redescendaient la rue des Martyrs, lui, souvent monté sur elle, assis de côté, les pieds pendants.

Cinq minutes après, c'était à recommencer avec un nouvel omnibus.

Pauline était connue de tout le quartier, qui ne lui épargnait pas ses sarcasmes.

Moi seul, je m'étais intéressé à cette pauvre bête, que j'étais sûr de retrouver chaque soir à son poste de souffrance.

Son attitude résignée me touchait.

En passant près d'elle, il m'arrivait parfois de prononcer son nom; alors elle tournait lentement vers moi sa grosse tête et semblait m'adresser un regard de reconnaissance.

Je vis ainsi Pauline pendant tout un hiver, un hiver qui fut long et rigoureux.

Dans les plus grands froids, elle n'avait qu'une mince couverture sur le dos. Aussi grelottait-elle constamment.

A travers le brouillard du soir, plus anguleuse que jamais, elle empruntait à la coloration pâle de sa robe des apparences apocalyptiques.

Il ne lui restait, pour se réchauffer, que les coups de fouet de son conducteur, qui d'ailleurs s'en montrait de jour en jour plus prodigue envers elle.

Pauvre Pauline!

Un jour, je ne la vis plus.

A sa place, toujours devant la Brasserie, se tenait un autre cheval, un cheval noir.

Je laissai passer quelques jours; Pauline était décidément remplacée.

Alors, je n'hésitai pas à questionner son conducteur, et à lui demander ce qu'elle était devenue.

— Ah! Pauline! me répondit-il avec étonnement; vous connaissiez Pauline, vous?

— Un peu.

— Elle était bien carcan depuis quelque temps... elle boudait à l'ouvrage et ne voulait plus avancer... elle s'abattait tous les six pas. Malheur!

— Alors... Pauline est morte?

— Ah ben! oui, fit ironiquement l'homme au fouet; elle est trop feignante pour ça... Mademoiselle est à la campagne.

— A la campagne? répétai-je surpris.

— Oui... vous ne comprenez pas... l'administration s'est débarrassée d'elle en la vendant à un engraisseur de sangsues.

J'eus un mouvement dont l'homme ne s'aperçut pas, car il continua :

— C'est du côté de la Marne... ousqu'il y a de grands marais... On achète les vieux chevaux trente à cinquante francs... Pauline sera très-heureuse là-dedans... très-heureuse... de la bonne herbe... pas grand'chose à faire... Elle n'aura qu'à *aller une fois par jour au caleçon.*

— Qu'est-ce que c'est que cela? demandai-je.

— Rien de plus simple... On conduit le cheval au marais... on l'y fait entrer et on l'y attache .. Les sangsues arrivent, elles grimpent aux jambes, elles s'y fixent... il en vient par centaines... c'est comme si l'on avait un caleçon. Manière de s'exprimer !

Je n'en demandai pas davantage, et je quittai l'homme au fouet avec un sentiment d'horreur.

Pauvre Pauline !

Toute la nuit je ne fis que penser à son « bonheur ».

Il a eu raison, l'auteur qui a écrit ces lignes : « Paris est le paradis des femmes et l'enfer es chevaux. »

CHANT DE GLOIRE

DE JEANNETTE

J'ai rendu mon tablier à madame. Cela ne pouvait pas durer. Il y avait trop longtemps qu'elle me faisait des avanies à propos de tout. « Jeannette, d'où venez-vous ? Jeannette, votre cuisine est bien mal tenue ! » C'était énervant, à la longue.

J'ai rendu mon tablier !

Est-ce qu'elle ne voulait pas m'entreprendre, parce qu'elle avait trouvé un bouton d'uniforme dans le pot-au-feu ! Voilà-t-il pas une affaire ! On n'est pas dégoûtée comme cela. Je lui ai dit : « Si madame n'est pas contente de mon service, elle peut chercher une autre bonne. »

Je lui ai mis cela dans la main, comme le soleil nous éclaire.

J'ai rendu mon tablier !

Ou plutôt, je le lui ai jeté sur ses fourneaux. Je crois même que j'ai cassé le lacet. Si tu crois que je tiens à ta baraque ! Il n'en manque pas de places comme la tienne. Je ne regrette que Monsieur, qui était poli avec moi.

J'ai rendu mon tablier !

Ce soir, après son ouvrage, la grande Marie viendra m'aider à porter ma malle. Elle connaît des chambres à bon marché, dans un hôtel garni tenu par une de ses cousines. J'arrangerai cela bien proprement. Le portrait de Jules au-dessus de mon lit.

J'ai rendu mon tablier !

Me voilà libre ! Je ne me replacerai pas avant huit jours. Je veux respirer et prendre du bon temps ; j'ai assez fatigué tout l'hiver. D'abord, j'ai pas mal de petites choses à raccommoder pour moi. Il y a de quoi m'occuper pendant la journée.

J'ai rendu mon tablier !

Le soir, j'irai au bal, au Grand-Turc, à l'Élysée, à la Boule-Noire, à la Reine-Blanche, à la Réunion. Je boirai du vin chaud. Je monterai sur les chevaux de bois. Tiens ! à quoi bon se gêner ? Je serais bien bête par exemple !

J'ai rendu mon tablier !

LE PHOTOGRAPHE

Thierry me dit : « Le temps est clair,
» Le ciel est bleu, le jour est rose ;
» Montons jusqu'à mon belveder. »
Thierry me dit : « Cueillons la pose !

» Que votre nuque se repose
» Entre ces deux branches de fer.
» Tâchez de fixer quelque chose ;
» Souriez et prenez bel air.. »

Et lui-même, posant la tête
Par-dessous un voile obscurci,
Braque l'objectif, et s'apprête.

« — Plus de côté.... là.... bien ainsi.
» Ne bougeons plus ! » Dieu ! que c'est bête !..
Et que c'est admirable aussi !

LE VIEUX JEU

Dans un petit café, deux personnes entrèrent un jour ; l'une d'elles appela le garçon : « Apportez-nous un piquet. » Le garçon revint avec des cartes qui avaient déjà servi. L'autre personne repoussa les cartes en disant : « Donnez-nous-en un neuf, celui-là est le vieux jeu ! »

Depuis ce temps, on désigne sous le nom de *vieux jeu* tout ce qui est défraîchi, passé de mode, rebuté. Mot cruel ! chose plus cruelle, et qu'on rencontre à chaque pas !

Exemples :

Il est encore, paraîtrait-il, des jeunes gens possédés de toutes les croyances amoureuses ; on me l'a affirmé. Tel d'entre eux, fidèle à l'inspiration romantique, continue à faire sentinelle sous les fenêtres d'une Andalouse du mont Bréda...

> Pour voir le coin de sa prunelle,
> Quand son rideau, etc...

Tel autre s'obstine dans l'envoi du bouquet traditionnel, qui est, pour l'ordinaire, un sélam auquel on ne comprend rien. Celui-ci ne veut point renoncer à la chère coutume de déposer chez le concierge de son idole des stances brûlantes et des madrigaux fripons, alternativement. Celui-là se concentre dans une silencieuse adoration, fille du respect et proche parente du motif honnête. Ils vont ainsi, ces dignes, ces charmants jeunes hommes, jusqu'au jour où l'Andalouse, impatientée, leur dit, en leur jetant au nez sa cigarette : « C'est le vieux jeu, mon petit!... »

En affaires pareillement, la faconde de Gaudissart et les expédients de Mercadet : vieux jeu! En gastronomie, le fricandeau à l'oseille : vieux jeu! En politique, *l'horizon qui se rembrunit :* vieux jeu! En peinture, les tableaux *terminés :* vieux jeu! En musique, les airs trop faciles : vieux jeu! En architecture, le palais de la Bourse : vieux jeu!

L'habit bleu à boutons d'or, les larmes des

avocats, les créanciers jetés par la fenêtre, la trique des maris, la cravache des amants, le grand rabais des boutiquiers, le sabre traîné pour intimider le pékin, la beauté des dames de comptoir : vieux jeu! — comme dirait un faiseur juré de tirades.

Le vieux jeu! Il est partout; il apparaît au détour de toutes choses. Il rappelle ces chansons de nos pères, où reviennent invariablement le couplet de l'argent, le couplet de la galanterie, le couplet de la bravoure.

Il y a un dernier couplet à la chanson du vieux jeu : c'est le couplet de la littérature, hélas!

S'il est une heure terrible pour l'écrivain, pour l'homme d'imagination, c'est celle où il a franchi cet âge (ne le déterminons pas!) où la sagesse lui ordonne de se reposer, tandis que la nécessité lui commande de marcher toujours. C'est l'heure où, blanchi, il persiste à rester dans la mêlée, coudoyé, heurté par tout le monde, reconnu de quelques-uns à peine. C'est l'heure où, montant l'escalier des journaux, poussant la porte des revues, livrant sa carte aux commis des libraires, il assiége, il implore, il dit qu'il repassera et *qu'il a le temps*, — un mot qu'on ne prononce pas même à vingt-cinq ans. — Lamentable période! En vain soutient-il qu'il n'a jamais eu plus de verve qu'à présent ; en vain invoque-t-il le témoignage de ses métaphores adoptées par ses successeurs, de ses tournures de phrases tombées dans le domaine public; le libraire ou le rédacteur du journal, — qui attend la visite d'un glorieux académicien de trente-cinq ans, — après avoir jeté un coup d'œil sur son manuscrit aux grosses lettres tremblées, laisse tomber l'implacable réponse : « C'est le vieux jeu! »

NOCES ET FESTINS

J'ai été invité samedi dernier à une noce d'artisans, sur le territoire de Montmartre.

C'est particulièrement le samedi qu'on se marie dans le peuple parisien. Le samedi est la veille du dimanche, — qui est, non pas, comme on l'a prétendu, le jour du repos, mais bien le jour du plaisir, de la promenade aux champs, de la goguette, de l'essoufflement, de la fatigue joyeuse, des bonnets envolés, des chansons.

Donc, on se marie le samedi, — pour s'amuser le dimanche.

Dès le matin, de grand matin, les mairies sont encombrées de monde.

Vous connaissez ces temples à toutes fins, ornés de colonnes et surmontés uniformément d'une horloge. Les mairies m'ont toujours fait peur. Elles ont un air rébarbatif et administratif, en harmonie sans doute avec les lois sociales, mais qui prédispose peu aux idées tendres et gracieuses.

Et puis, dès le vestibule, vous êtes exposé à rencontrer des inscriptions du genre de celle-ci : — *Déclarations de décès, la porte à gauche.*

On monte un escalier, — que les anciens auraient fait de marbre blanc, et que les modernes ont fait de pierre grise.

Bah! prenons-en notre parti!

Dans la salle des mariages, c'est une foule frémissante, émue, parée, un bruit d'étoffes empesées, des craquements d'escarpins. Des mouchoirs attendris répandent des odeurs de vinaigre parfumé. Rouges et palpitantes, des mères, habillées avec la folie du souvenir, rajustent la coiffure de leurs filles. On parle à demi-voix. Quelques loustics, — parmi les témoins, — essayent des plaisanteries vite réprimées. Les demoiselles d'honneur regardent partout de leurs yeux enjoués et curieux.

Il n'y a pas rien que des robes blanches et que des couronnes de fleurs d'oranger. Cela serait trop beau. On aperçoit aussi quelques robes de fantaisie et quelques chapeaux discrets : — ce sont des ménages qui viennent « *régulariser leur position* ».

Appelés selon leur numéro d'ordre, les couples — eh bien! oui, les couples! — se succèdent devant une estrade où siége un adjoint ceint de tricolore.

Un huissier les fait ranger et asseoir, l'époux à droite, — les parents à distance.

L'adjoint les regarde à peine ; c'est un homme indifférent et pressé, qui plie sous la besogne chaque samedi. Il leur lit quelques passages du Code ; c'est tout ce qu'il peut faire. Après quoi les conjoints sont engagés à apposer leurs noms sur de grands registres.

— Signez ici... là, là... vous n'entendez donc pas ? au bout de mon doigt... Maintenant, le père... Est-il là, le père ?... Dépêchons-nous... Voyons, monsieur, signez ; signez donc... à cet endroit... Posez votre chapeau, vous voyez bien qu'il vous gêne..... La plume est tombée à présent.... Nous n'en finirons jamais.... Huissier, une autre plume.... Y êtes-vous ?

Quoique troublé, le père s'acharne pendant cinq minutes à son paraphe. Il veut y joindre son adresse.

— C'est inutile, dit l'adjoint; nous n'en avons que faire. — A un autre! Huissier, appelez.

Et mes amis les artisans disaient en sortant de la mairie.

— Comment! nous sommes mariés! Cela se peut-il? C'est aussi vite fait que cela! Y comprend-on quelque chose?

A la porte, deux ou trois fiacres nous conduisirent à l'église.

O les bons fiacres de noces! larges, ventrus, souillés jusqu'à la portière, aux coussins poudreux, aux vitres branlantes!

O les bons cochers de noces, bourgeonnés, pesants, indolents et insolents!

O les bons chevaux de noces! le cou allongé, l'œil éteint, la peau sur les os, les crins rares, les genoux saignants!

Je n'ai retrouvé la poésie qu'à l'église.

Ces humbles chapelles de banlieue sont toute simplicité et toute candeur.

Les murs y sont blancs; l'autel y est à peu près nu. Le soleil y pénètre hardiment par des fenêtres sans vitraux. Une petite chaire, assez semblable à un coquetier. L'orgue tiendrait dans un entre-sol de garçon. Le suisse lui-même est modeste sous son habit légèrement galonné.

Moins pressé que l'adjoint, — le prêtre a eu quelques bonnes paroles pour les époux.

Puis, un enfant de chœur de douze à treize ans, calotte rouge en tête, a agité une sonnette.

Il était alors midi.

Il s'agissait de tuer le temps jusqu'à l'heure du dîner.

Les fiacres nous ont transportés à la cascade du bois de Boulogne, où nous avons rencontré d'autres noces, — en présence desquelles il m'a été impossible de me soustraire au souvenir du *Chapeau de paille d'Italie*.

Je n'ai point encore donné les portraits du marié et de la mariée.

La mariée :

Dix-huit ans, c'est-à-dire le bel âge d'une mariée; châtaine comme la majorité des Parisiennes; une figure intelligente, — cela va sans dire : on ne naît pas impunément sur les bords de la Seine; — des traits arrêtés et fins; peu de cheveux, mais disposés avec art; un regard très-complexe, spirituel, engageant, la bouche résignée, ainsi que chez toutes les personnes façonnées de bonne heure au travail. Elle est plieuse de journaux dans un atelier d'imprimerie. Sa taille est moyenne, mais élancée, avec des épaules bien tombantes. On ne sent point les attaches de ses bras, qu'elle avait nus sous la gaze, à cause de la chaleur. Le sang et le feu animent sa peau brunie. — Une jolie fille aujourd'hui, une belle femme demain !

Comment, avec de tels avantages, n'aurait-elle pas triomphé d'une toilette lourde et prétentieuse ?

Le marié :

Un peu trop habillé tout de neuf, trop reluisant, trop irréprochable. La redingote, d'un lustre exagéré, accable les yeux ; on se surprend à chercher l'étiquette du marchand au bas des basques. La cravate blanche a des roideurs de plaque photographique. Le gilet et les gants ne se dissimulent pas assez. Les souliers vernis se font remarquer.

Pourquoi s'obstine-t-on en France à croire qu'il est indispensable, pour se marier, de se revêtir de costumes absolument vierges ? — Croit-on par là dépouiller le vieil homme ?

C'est un enfant de Paris, lui aussi, le marié. Il porte ses trente ans sans fatigue. Laissez passer une heure seulement, et je vous réponds qu'il ne sera plus gêné dans ses vêtements. Il rit, — parce qu'on rit toujours Paris.

Vous m'attendez au repas, — je le vois bien.

Le repas s'est fait dans un de ces grands

établissements des anciennes barrières, où l'enseigne étale ces mots traditionnels :

Noces et festins!

Salon de cent couverts.

Un repas à *tant* par tête, vin compris. Mais les *extra* ont toujours leur rôle sous-entendu dans ces circonstances entrainantes. Entre le rôti et la salade, invariablement, un convive frappe du poing sur la table et demande au garçon un vin flamboyant, tel qu'il en existe sur les cartes des restaurants du Palais-Royal, — un beaune *première* ou un *moulin-à-vent!*

L'exemple est contagieux.

Au dessert il n'est pas rare de voir se manifester des cas de champagne.

Le champagne ne saute pas sans les chansons. Et quelles naïves et charmantes chansons on entend, ou plutôt on retrouve, dans ces noces populaires ! Béranger y tient toujours son rang, le premier. On l'écoute debout.

« Après la panse vient la danse, » dit un vieux proverbe.

Est-ce qu'on se marierait à Paris, sans danser?

Le dîner fini, la table est mise de côté, les chaises sont rangées contre le mur; un piano est démasqué ;— à défaut de piano, un violon et un cornet à piston sont vite réclamés, vite trouvés, vite accourus.

Chacun se met en place, les jeunes, les vieux, — visage épanoui, lèvres fredonnantes, bras arrondis, jambe tendue....

J'ai quitté la noce de mes amis les artisans, après le deuxième quadrille.

LES CRÊPES DU PROFESSEUR

Je le vois encore rasant les murailles, long, maigre, courbé, vêtu d'une grande redingote noire, un ou plusieurs volumes sous le bras, les yeux toujours fixés en terre. Tel était le vieux professeur Andol.

Il vivait chétivement du produit de cinq ou six leçons ; on ne lui connaissait ni parents ni amis ; il n'allait nulle part. Il demeurait seul dans un hôtel garni de la rue du Vieux-Colombier, au cinquième étage. — C'était une existence monotone et froide, placée en dehors de toute joie et même de toute distraction.

Pourtant, il y a un an environ, à l'époque du carnaval, quelques esprits observateurs purent remarquer une agitation inusitée dans les allures du professeur Andol. Lui, qui ne levait jamais le nez dans la rue, on le surprit en arrêt devant plusieurs magasins. Une fois, sur le pont des Arts, il se détourna pour suivre des yeux une femme, et on l'entendit qui murmurait d'un son de voix étouffé :

« Ah ! mon Dieu ! »

J'ai dit que c'était à l'époque du carnaval. Quel rapport pouvait-il y avoir entre le carnaval et le professeur Andol ? Vous allez voir.

Le lundi gras, il entra chez lui, portant mystérieusement un long ustensile enveloppé de papier, que le concierge prit pour une bassinoire.

C'était une poêle.

Puis le lendemain mardi, — mardi gras ! — le professeur Andol, dont toutes les habitudes semblaient bouleversées, monta dans sa chambre de meilleure heure que de coutume, avec un grand panier soigneusement recouvert. Il s'enferma à double tour et boucha même le trou de la serrure.

Ensuite, allant à sa fenêtre et contemplant dans l'horizon rougeâtre Paris qui s'allumait et s'amusait :

« Eh bien ! s'écria-t-il, moi aussi je veux ma part de cette fête ! moi aussi, je veux vivre une heure de cette vie de plaisir! Vive le mardi gras! »

Revenant à son panier, il en retira des provisions qu'il arrangea soigneusement sur la table. Il atteignit un livre dans sa bibliothèque, et lut ceci avec attention :

« Prenez un litre de farine, délayez-le avec six œufs, trois cuillerées d'eau-de-vie, une bonne pincée de sel, de la fleur d'oranger, moitié eau et moitié lait pour l'éclaircir. Allumez un feu clair de menu bois; faites fondre dans la poêle gros comme une petite noix de saindoux; versez-y plein une cuillère de votre pâte, étendez-la de façon que le fond de la poêle en soit couvert et très-mince; faites cuire d'un côté, retournez de l'autre en faisant sauter; saupoudrez de sucre blanc, et mangez brûlant. »

« Comme c'est compliqué! dit le vieux professeur; enfin, je l'ai voulu, j'ai besoin de rappeler à moi quelques-unes de mes premières sensations. Vive le mardi gras, et faisons des crêpes! »

Des crêpes! c'étaient des crêpes, en effet, que se préparait à faire le professeur Andol.

Accroupi devant la cheminée, il allumait le feu.

« Il y a juste quarante-huit ans, jour pour jour, que je me trouvais dans la même position. C'était chez ma tante Juliette..... J'étais entouré d'une dizaine de demoiselles, plus enjouées les unes que les autres. Quels éclats de rire argentins! quelles folies! »

Le vieux savant avait jeté un peu de pâte dans la poêle; — mais le feu ne flambait pas, — sa main tremblait. Vint le moment où il s'agit de faire sauter la crêpe pour la retourner.

« Ah! que Susanne s'entendait à ce jeu! pensa-t-il; combien de grâce et d'aisance elle y mettait!... Moi, j'ai toujours été gauche... »

En effet, la crêpe ne se détachait pas; la crêpe semblait vouloir demeurer vissée à la poêle.

« A une autre! » dit-il.

Il s'obstinait, et ses yeux lançaient de singuliers éclairs sous ses sourcils gris.

« C'était Jeanne que je préférais..... oui, la petite Jeanne, celle qui avait la robe bleue..... Ce soir-là, elle me tira par les cheveux et me renversa. J'étais tout rouge, mais ce n'était pas de colère..... On dirait que cette crêpe se présente mieux..... Essayons! »

Et, d'un coup de poignet de la main gauche, de la poêle il envoya la crêpe dans la cheminée, d'où elle retomba, noire de suie, dans le feu.

Le vieux professeur demeura penaud.

« Allons, je ne suis plus bon à rien, dit-il en lâchant la poêle; il faut y renoncer. Il n'y a plus de mardi gras pour moi! »

Et il resta longtemps immobile et rêveur, assis devant le feu, dont il suivait les derniers grésillements.

« Qu'est-ce que vous faites donc dans votre chambre? cria tout à coup un de ses voisins en frappant à la cloison; cela sent une drôle d'odeur... on dirait des crêpes...

— Des crêpes... quelle idée! » répondit le professeur Andol, qui alla chercher son pot à eau pour achever d'éteindre le feu.

FIN

TABLE

Préface...	v
Ce qu'on écrit aux actrices........................	1
Marivaux à la barrière.............................	17
Les amis devant la femme........................	19
La femme devant les amis........................	25
Quand on fut toujours vertueux..................	31
Un livre leste.......................................	33
Purée-Crécy..	59
Les empêcheurs de danser en rond..............	61
La mariée...	65
Les cabinets particuliers..........................	67
Propriété à vendre.................................	77
Les messieurs qui écrivent.......................	79
Rondeau de nouvelle année......................	85
Comme quoi il est impossible de mourir de faim à Paris.	87

Le charbonnier	93
Une préfecture	95
Un harem	109
Le compositeur d'imprimerie	113
Polichinelle au restaurant	117
Oraison funèbre de la broche	123
Trémoussette	127
Comment s'écoule une édition	129
Le toast	147
L'homme qui va dîner en ville	149
Une chansonnette des rues et des bois	153
Un touriste	161
Conte de carnaval	169
En croquant des bonbons	173
La chanson du petit journaliste	183
Mon vin	187
Muezzin	191
Le duel au dîner	192
Espagnoles	203
A bas Perrault !	207
La femme qui fait la barbe	213
Fusion	219
Voyage dans mes poches	255
Le bébé	237
Les balais rôtis	241
Aux Champs-Élysées	247
Les maisons criminelles	251
Les gens qui se laissent tomber	257
Étude de vieillard	263
Pauline	269

Chant de gloire de Jeannette...................... 275
Le photographe............................... 279
Le vieux jeu................................. 281
Noces et festins.............................. 285
Les crêpes du professeur...................... 293

FIN DE LA TABLE

PARIS. — IMPRIMERIE DE E. MARTINET, RUE MIGNON, 2

LIBRAIRIE BACHELIN-DEFLORENNE

COLLECTION COMPLÈTE
DU
BIBLIOPHILE FRANÇAIS
ÉDITIONS DE LUXE, FORMAT CAZIN

12 volumes

HÉGÉSIPPE MOREAU. Documents inédits, par Armand Lebailly. Eau-forte par G. Staal. 1 volume. . . . . 2 »

ŒUVRES INÉDITES d'Hégésippe Moreau. Introduction et notes par Arm. Lebailly. Eau-forte par G. Staal. 1 vol. 2 »

MADAME DE LAMARTINE, par Armand Lebailly. Eau-forte par G. Staal. 1 vol. . . . . 2 »

LAMENNAIS. Sa vie intime à la Chênaie, par J.-Marie Peigné. Eau-forte par G. Staal. 1 vol. . . . . 2 »

LA LISETTE DE BÉRANGER, par Thalès-Bernard. Eau-forte par G. Staal. 1 vol. . . . . 2 »

ROUGET DE L'ISLE ET LA MARSEILLAISE, par Poisle-Desgrange. Eau-forte de G. Staal. 1 vol. . . . . 2 »

ÉLISA MERCŒUR, Dovalle, etc., par Jules Claretie. Eau-forte par G. Staal. 1 vol. . . . . 2 »

GÉRARD DE NERVAL. Sa vie et ses œuvres, par Alfred Delvau. Eau-forte par G. Staal. 1 vol. . . . . 2 »

HENRY MURGER et la Bohème, par A. Delvau. Eau-forte par Staal. 2 »

MÉRY. Sa vie intime et anecdotique et littéraire, par G. Claudin. Eau-forte par G. Staal. . . . . 2 »

ALFRED DE VIGNY. Étude par A. France. 1 volume. Eau-forte par Staal. . . . . 2 »

Mme DE GIRARDIN (Delphine Gay), par Georges d'Heilly, avec un beau portrait gravé à l'eau-forte par G. Staal. . . . 2 »

Prix de la collection brochée. . . . . 24 fr.

Richement reliée en maroquin plein par Belz-Niédrée, 12 vol. 170 fr.

La même collection, cartonnage en toile et ornements avec filets dorés à froid, réunie en un élégant étui. . . . . 45 fr.

PARIS. — IMPRIMERIE DE E. MARTINET, RUE MIGNON, 2

www.ingramcontent.com/pod-product-compliance
Lightning Source LLC
Chambersburg PA
CBHW071523160426
43196CB00010B/1631